HARCOURT HORIZONTES

Juramento a la bandera

Juro lealtad a la bandera

de Estados Unidos de América

y a la república que representa,

una nación bajo la protección de Dios,

indivisible, con libertad y

justicia para todos.

HARCOURT HORIZONTES

Acerca de mi mundo

Harcourt

Orlando   Austin   Chicago   New York   Toronto   London   San Diego

¡Visita *The Learning Site!*
www.harcourtschool.com

HARCOURT HORIZONTES

ACERCA DE MI MUNDO

General Editor

Dr. Michael J. Berson
Associate Professor
Social Science Education
University of South Florida
Tampa, Florida

Contributing Authors

Dr. Sherry Field
Associate Professor
The University of Texas at Austin
Austin, Texas

Dr. Tyrone Howard
Assistant Professor
UCLA Graduate School of
  Education & Information Studies
University of California at
  Los Angeles
Los Angeles, California

Dr. Bruce E. Larson
Associate Professor of Teacher
  Education and Social Studies
Western Washington University
Bellingham, Washington

Series Consultants

Dr. Robert Bednarz
Professor
Department of Geography
Texas A&M University
College Station, Texas

Linda McMillan Fields
Social Studies Supervisor
Spring Branch Independent
  School District
Houston, Texas

Dr. Asa Grant Hilliard III
Fuller E. Callaway Professor
  of Urban Education
Georgia State University
Atlanta, Georgia

Dr. Thomas M. McGowan
Professor
Curriculum and Instruction
College of Education
Arizona State University
Tempe, Arizona

Dr. John J. Patrick
Professor of Education
Indiana University
Bloomington, Indiana

Dr. Cinthia Suzel Salinas
Assistant Professor
School of Education
University of Colorado
Boulder, Colorado

Dr. Juan S. Solis
McAllen, Texas

Dr. Philip VanFossen
Associate Professor,
  Social Studies
  Education, and
  Associate Director,
  Purdue Center for
  Economic Education
Purdue University
West Lafayette, Indiana

Dr. Hallie Kay Yopp
Professor
Department of Elementary,
  Bilingual, and Reading
  Education
California State University,
  Fullerton
Fullerton, California

Classroom Reviewers

Dr. Linda Bennett
Assistant Professor
Social Studies Education
Early Childhood and
    Elementary Education
    Department
University of Missouri–Columbia
Columbia, Missouri

Marlene Dennis
Teacher
Ashland Elementary School
St. Louis, Missouri

Deanna Dunn
Educator
Walkertown Elementary
Walkertown, North Carolina

Donna Geller
Assistant Principal
P.S. 70 Queens
Long Island City, New York

Janet Goodwin
Curriculum Coordinator
Southwestern City School District
Grove City, Ohio

Libby Laughlin
Teacher
Blackhawk Elementary School
Fort Madison, Iowa

Starlet Lindblad
Teacher
Forest Lakes Elementary School
Forest Hill, Maryland

Colleen Reed
Teacher
Garner Elementary School
Grand Prairie, Texas

Melissa Stusek
Teacher
Donelson Hills Elementary School
Waterford, Michigan

Spanish Content Reviewers

Dolores Godinez
English/Spanish Translator
Austin Independent School District
Austin, Texas

Cruz Rochez
Bilingual/ESL Supervisor
Houston Independent School
    District
Houston, Texas

Cristina Tyger
Bilingual/ESL Reading Supervisor
Houston Independent School
    District
Houston, Texas

Edna Yépez
Bilingual/ESL Strategist
McAllen Independent School
    District
McAllen, Texas

Maps
researched and prepared by

Readers
written and designed by

Take a Field Trip
video tour segments provided by

ISBN 0-15-324531-X

1 2 3 4 5 6 7 8 9 10 032 10 09 08 07 06 05 04 03 02

Contenido

Buenos ciudadanos

• UNIDAD •

4

Nosotros y todo lo que nos rodea

Miramos el pasado

Secciones esenciales que puedes usar

Destrezas

Destrezas con tablas y gráficas

Destrezas de civismo

Destrezas con mapas y globos terráqueos

Destrezas de lectura

Música y literatura

Fuentes primarias

Examina las fuentes primarias

Documentos americanos

Biografía

Mapas

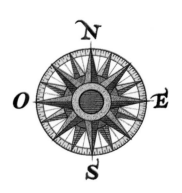

Atlas

 El mundo

Estados Unidos

Términos geográficos

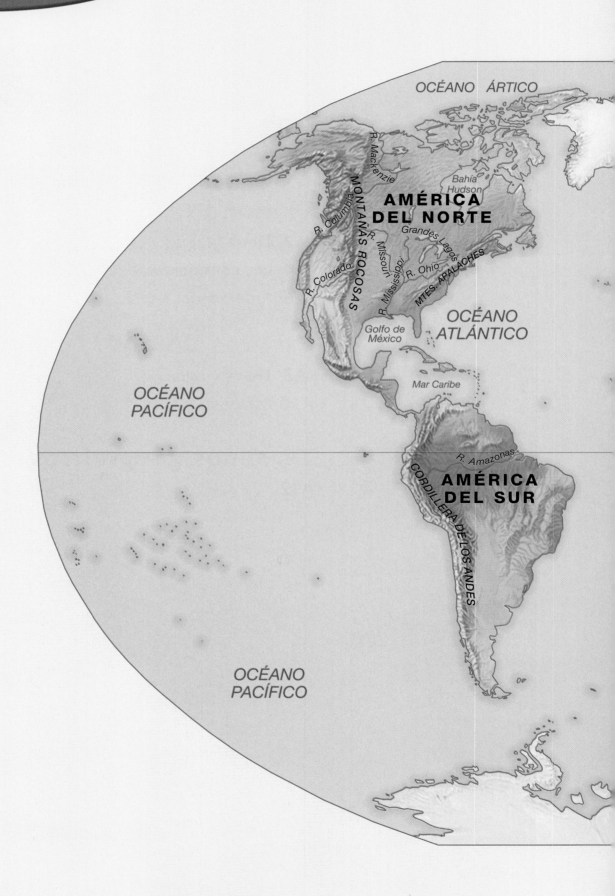

OCÉANO ÁRTICO

R. Mackenzie

Bahía Hudson

AMÉRICA DEL NORTE

R. Columbia

R. Colorado

MONTAÑAS ROCOSAS

R. Missouri

Grandes Lagos

R. Ohio

R. Mississippi

MTES. APALACHES

OCÉANO ATLÁNTICO

Golfo de México

Mar Caribe

OCÉANO PACÍFICO

R. Amazonas

AMÉRICA DEL SUR

CORDILLERA DE LOS ANDES

OCÉANO PACÍFICO

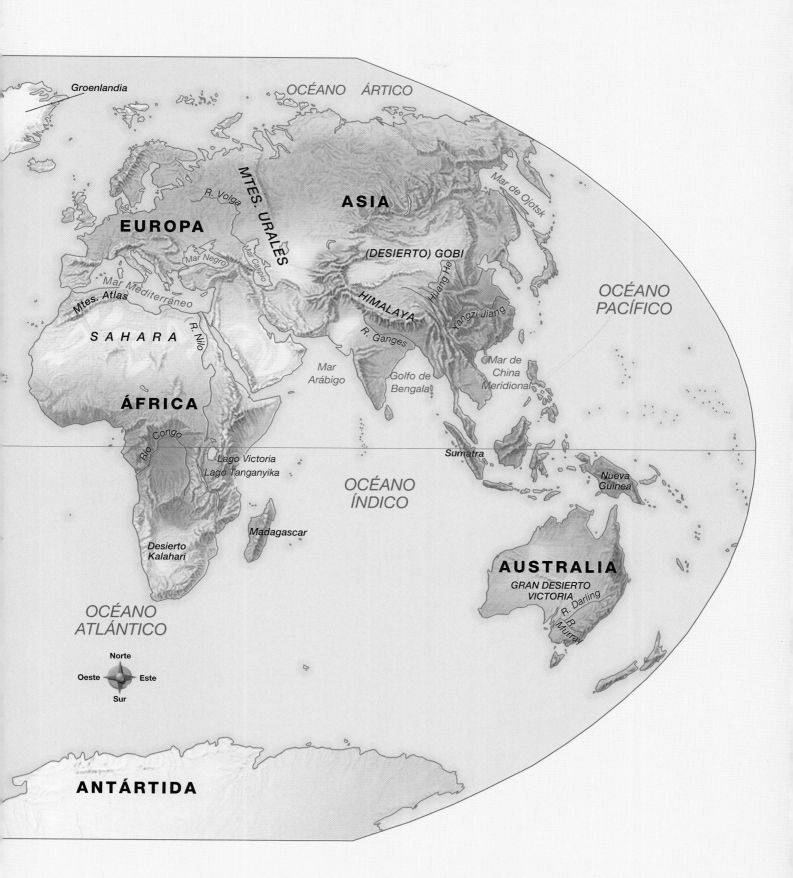

Groenlandia

OCÉANO ÁRTICO

EUROPA

ASIA

MTES. URALES

R. Volga

Mar Negro

Mar Caspio

Mar Mediterráneo

Mtes. Atlas

SAHARA

R. Nilo

ÁFRICA

(DESIERTO) GOBI

HIMALAYA

R. Ganges

Huang He

Yangzi Jiang

Mar de Ojotsk

OCÉANO
PACÍFICO

Mar
Arábigo

Golfo de
Bengala

Mar de
China
Meridional

Río Congo

Lago Victoria

Lago Tanganyika

Sumatra

Nueva
Guinea

OCÉANO
ÍNDICO

Madagascar

Desierto
Kalahari

AUSTRALIA

GRAN DESIERTO
VICTORIA

R. Darling

R.
Murray

OCÉANO
ATLÁNTICO

Norte

Oeste   Este

Sur

ANTÁRTIDA

A3

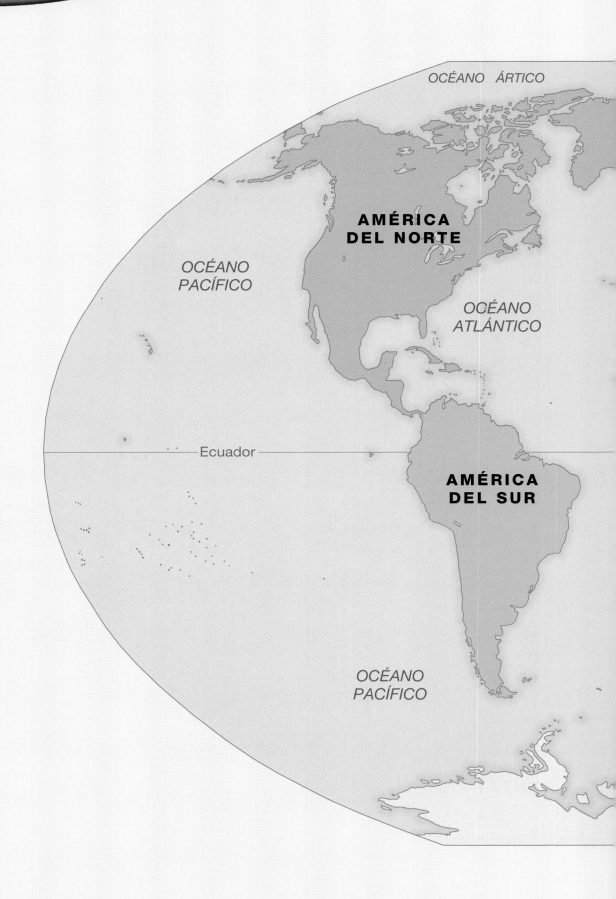

OCÉANO ÁRTICO

**AMÉRICA
DEL NORTE**

OCÉANO
PACÍFICO

OCÉANO
ATLÁNTICO

Ecuador

**AMÉRICA
DEL SUR**

OCÉANO
PACÍFICO

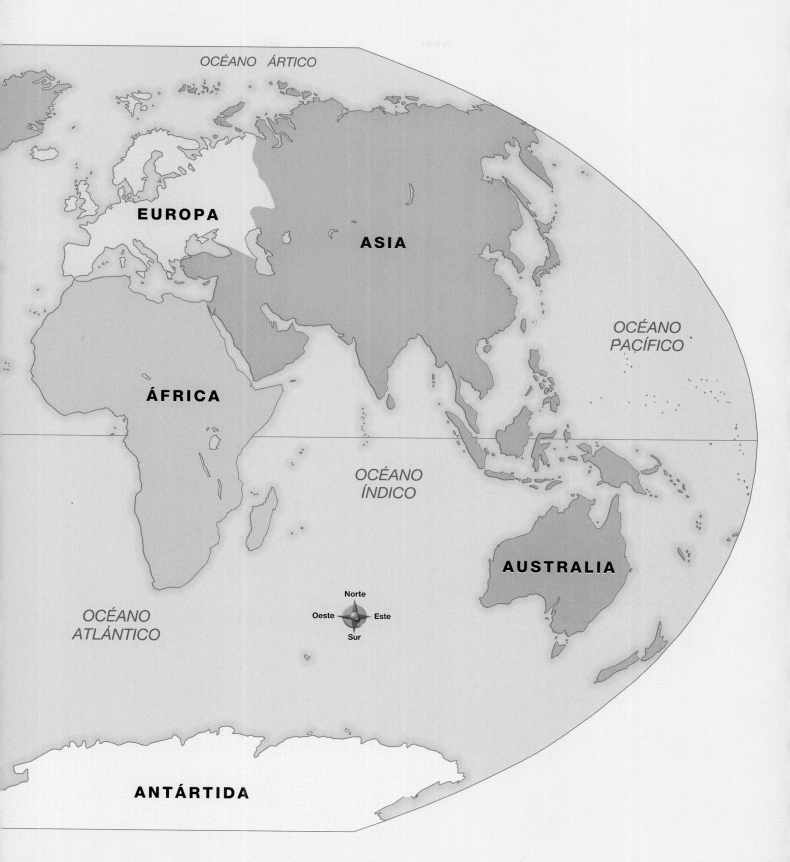

OCÉANO ÁRTICO

EUROPA

ASIA

ÁFRICA

OCÉANO
PACÍFICO

OCÉANO
ÍNDICO

AUSTRALIA

Norte

Oeste ⊕ Este

Sur

OCÉANO
ATLÁNTICO

ANTÁRTIDA

A5

RUSIA

Alaska
(ESTADOS UNIDOS)

OCÉANO PACÍFICO

```
0          250         500 millas
0     250       500 kilómetros
```

——— Límite nacional

Norte
Oeste   Este
Sur

Hawaii
(ESTADOS UNIDOS)

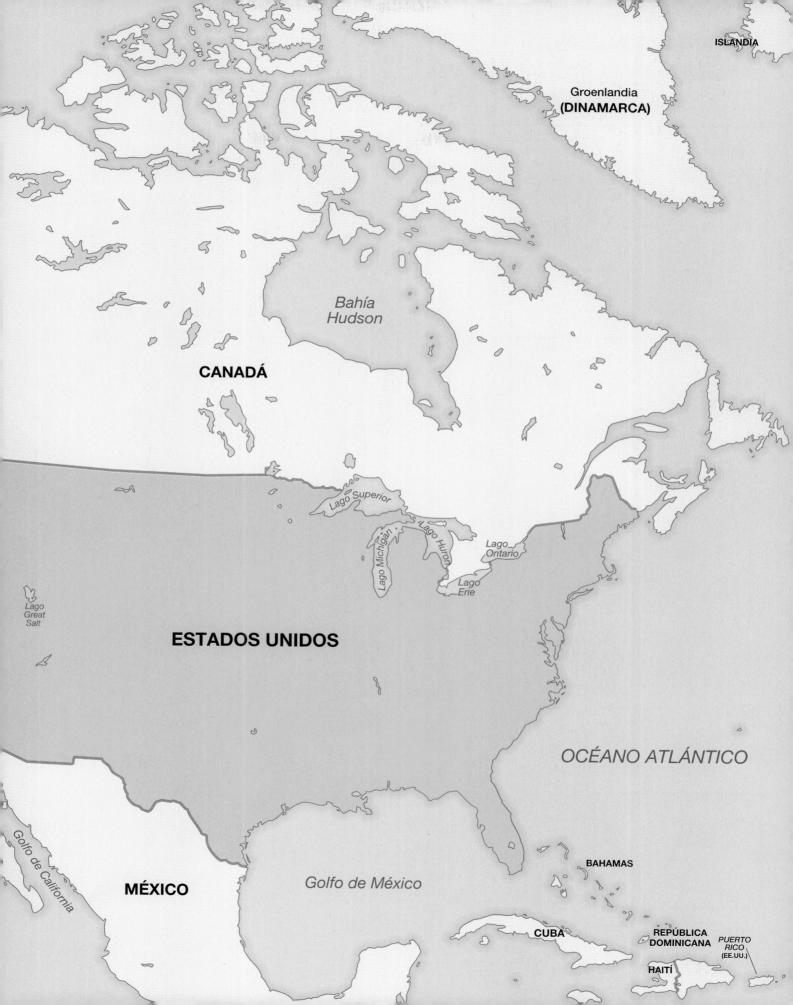

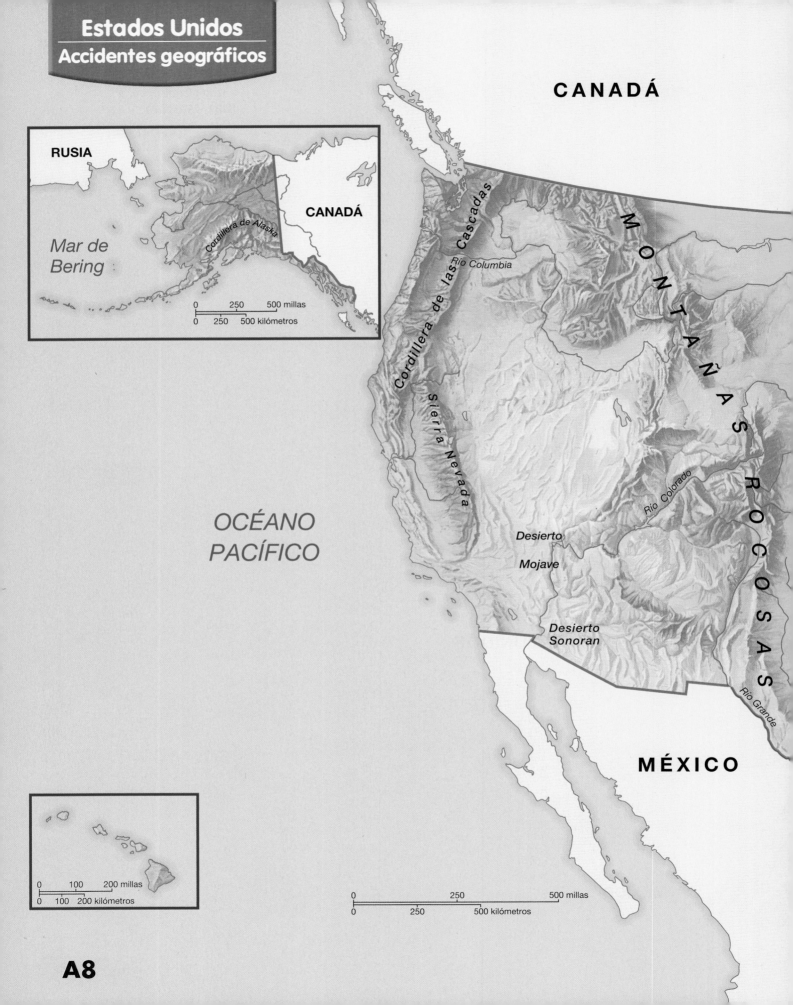

Estados Unidos
Accidentes geográficos

CANADÁ

RUSIA

CANADÁ

Mar de
Bering

Cordillera de Alaska

0   250   500 millas
0   250   500 kilómetros

OCÉANO
PACÍFICO

Cordillera de las Cascadas

Río Columbia

M O N T A Ñ A S   R O C O S A S

Sierra Nevada

Río Colorado

Desierto

Mojave

Desierto
Sonoran

Río Grande

MÉXICO

0   100   200 millas
0   100   200 kilómetros

0   250   500 millas
0   250   500 kilómetros

A8

CANADÁ

GRANDES LLANURAS

Río Missouri

Lago Superior

Río Mississippi

Lago Michigan

Lago Huron

Lago Ontario

Lago Erie

LLANURAS
CENTRALES

Río Missouri

Río Ohio

MONTES APALACHES

OCÉANO
ATLÁNTICO

Río Mississippi

LLANURA COSTERA

BAHAMAS

Río Grande

Norte
Oeste   Este
Sur

Golfo de
México

Canal de la Florida

CUBA

A9

Estados Unidos
Estados

CANADÁ
RUSIA
OCÉANO ÁRTICO
ALASKA
(AK)
CANADÁ
Mar de
Bering
OCÉANO PACÍFICO
WASHINGTON
(WA)
MONTANA
(MT)
OREGON
(OR)
IDAHO
(ID)
WYOMING
(WY)
NEVADA
(NV)
UTAH
(UT)
COLORADO
(CO)
CALIFORNIA
(CA)
OCÉANO
PACÍFICO
ARIZONA
(AZ)
NEW
MEXICO
(NM)
HAWAII
(HI)
OCÉANO
PACÍFICO
MÉXICO
Norte
Oeste
Este
Sur

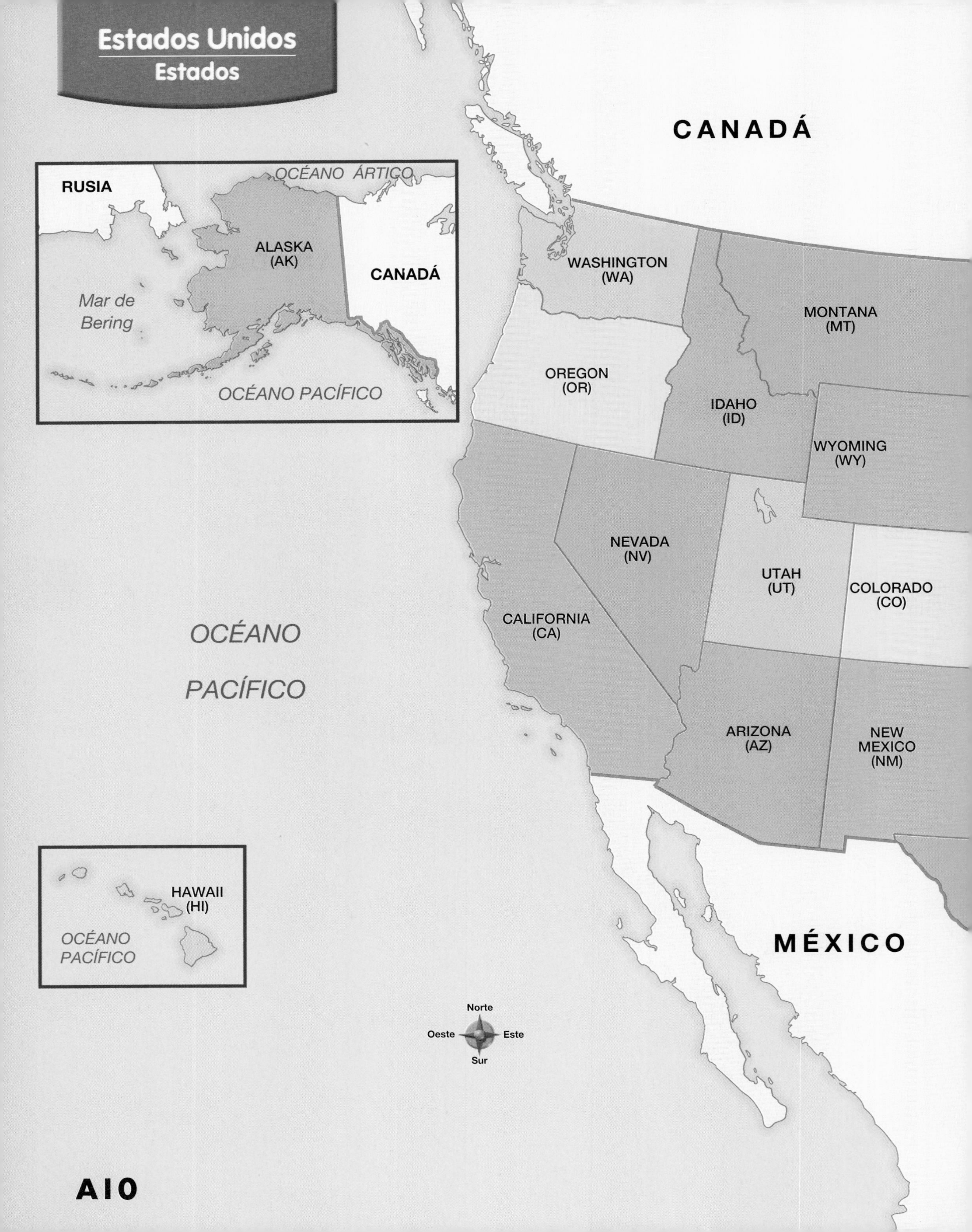

CANADÁ

NORTH DAKOTA (ND)

MINNESOTA (MN)

SOUTH DAKOTA (SD)

Lago Superior

MICHIGAN

WISCONSIN (WI)

Lago Huron

MICHIGAN (MI)

Lago Michigan

MAINE (ME)

VERMONT (VT)

NEW HAMPSHIRE (NH)

Lago Ontario

NEW YORK (NY)

MASSACHUSETTS (MA)

RHODE ISLAND (RI)

CONNECTICUT (CT)

Lago Erie

NEBRASKA (NE)

IOWA (IA)

PENNSYLVANIA (PA)

NEW JERSEY (NJ)

OHIO (OH)

MARYLAND (MD)

DELAWARE (DE)

ILLINOIS (IL)

INDIANA (IN)

Washington, D.C.

KANSAS (KS)

MISSOURI (MO)

WEST VIRGINIA (WV)

VIRGINIA (VA)

KENTUCKY (KY)

NORTH CAROLINA (NC)

OKLAHOMA (OK)

TENNESSEE (TN)

ARKANSAS (AR)

SOUTH CAROLINA (SC)

OCÉANO ATLÁNTICO

MISSISSIPPI (MS)

ALABAMA (AL)

GEORGIA (GA)

TEXAS (TX)

LOUISIANA (LA)

FLORIDA (FL)

Golfo de México

CUBA

A11

montaña

lago

valle

río

bosque

llanura

colina

desierto

golfo

isla

península

océano

bosque área de árboles muy extensa

colina terreno que se levanta sobre la tierra que lo rodea

desierto área de tierra extensa y árida

golfo masa grande de agua marina rodeada de tierra

isla accidente geográfico rodeado de agua

lago masa de agua rodeada de tierra por todas partes

llanura terreno plano

montaña tipo de terreno más alto

océano masa de agua salada que cubre un área grande

península accidente geográfico que tiene tres lados rodeados de agua

río corriente de agua que corre por la tierra

valle terreno bajo entre colinas o montañas

Vamos a la escuela

Águila en el sombrero del Tío Sam, diseño comercial, 1870

1

Vamos a la escuela

❝ Entra para aprender y sal para servir ❞.

– señales para entrar y salir de la escuela de Mary McLeod Bethune
en Daytona Beach, Florida, 1914

Presentación del contenido

Haz una tabla para mostrar en qué se parecen y en qué se diferencian las escuelas alrededor del mundo. Mientras lees esta unidad, agrégalo a la tabla. Muestra lo que aprendiste de los trabajadores escolares, las formas de aprender y las herramientas que usas.

Escuelas	
Semejanzas	Diferencias

aprender Descubrir algo nuevo. (pág. 6)

regla Instrucción que indica qué se debe o no se debe hacer. (pág. 10)

grupo Número de personas que trabajan juntas. (pág. 12)

maestro Persona que ayuda a otros a aprender. (pág. 14)

director Líder de una escuela. (pág. 14)

Autobús escolar

por Lee Bennett Hopkins
ilustrado por Lori Lohstoeter

Este autobús escolar
que tan despierto está
y de amarillo pintado va,

listo para el otoño está,

para llevar a—

dieciséis niños—
y catorce niñas con—

treinta pares de ojos
soñolientos

y

cientos

y

cientos

de

útiles y cuadernos.

4

Piénsalo

1 ¿Qué te dice el poema sobre estos niños?

2 ¿Cómo se preparan tú y tus amigos para la escuela?

Lee un libro

Comienza el proyecto de la unidad

Un álbum del salón de clases
Tu clase va a hacer un álbum. A medida que leas esta unidad, dibuja y escribe las cosas nuevas que aprendiste.

Usa la tecnología

Visita The Learning Site en **www.harcourtschool.com/ socialstudies** para obtener actividades adicionales, fuentes primarias y otros recursos para usar en esta unidad.

1

Ir a la escuela

1. número de la lección

2. título

Idea principal
La escuela es un lugar para aprender y compartir.

Nuestra escuela es donde aprendemos. Cuando **aprendemos**, descubrimos algo nuevo. Leemos en la escuela para aprender. Escribimos, dibujamos y también contamos historias.

Vocabulario

3. palabra nueva

aprender
compartir

Nuestra escuela es donde compartimos.
Compartimos lo que sabemos y lo que somos.

4. foto

5. pregunta

LECCIÓN 1
Repaso

1 **Vocabulario** ¿Qué quieres **aprender** en la escuela?

2 ¿Qué te dicen las fotos sobre cómo los niños aprenden en este salón de clases?

3 Dibuja algo que hayas hecho hoy en la escuela.

Hallar la idea principal

▶ Por qué es importante

La **idea principal** te dice de qué trata lo que estás leyendo.

▶ Qué necesitas saber

Un párrafo tiene una idea principal y también tiene oraciones con detalles. Un **detalle** da más información y ayuda a explicar la idea principal.

▶ Practica la destreza

❶ Lee el párrafo de la página 9. ¿Cuál es la idea principal?

❷ Nombra uno de los detalles del párrafo.

Reloj braille

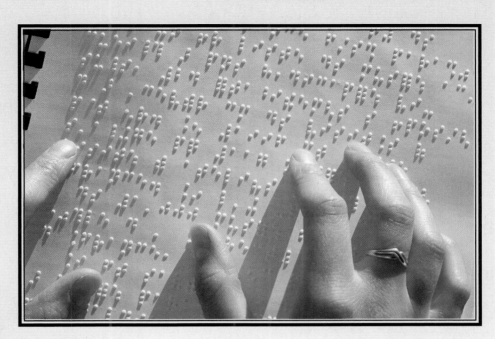

Braille

Las personas que no pueden ver usan el alfabeto Braille para leer y escribir. Grupos de puntos pequeños y en relieve representan letras en el alfabeto. Otros grupos de puntos representan números. Las letras punteadas deletrean palabras. Los ciegos leen las palabras deslizando sus dedos por los puntos. ∎

▶ Aplica lo que aprendiste

Lee un artículo de una revista para niños. Busca ideas principales y detalles.

2

Reglas en la escuela

Idea principal
Las buenas reglas son justas y ayudan a las personas a trabajar juntas.

Vocabulario

regla

justo

Tenemos reglas en nuestro salón de clases. Una **regla** te dice lo que debes o no debes hacer. Las reglas nos ayudan a trabajar y jugar manteniéndonos fuera de peligro.

Reglas de la clase
· Hablar en voz baja.
· Turnarse.
· Seguir instrucciones.
· Ser amable.

Las reglas nos ayudan a escuchar, compartir y trabajar juntos de una manera justa. **Justo** significa actuar de una manera correcta y honesta.

Sigue las reglas.

LECCIÓN 2
Repaso

1. **Vocabulario** ¿Cómo nos ayudan las **reglas** a ser **justos**?

2. Explica por qué necesitamos reglas en la escuela.

3. Elige una regla escolar y dibuja a unos niños siguiendo esa regla.

Trabajar juntos

Vocabulario

grupo

▶ Por qué es importante

En la escuela, quizás los niños trabajen solos o con otros en un **grupo**. Las personas en un grupo necesitan saber cómo trabajar juntas.

▶ Qué necesitas saber

Estos pasos ayudan a los miembros de un grupo a trabajar juntos.

Paso 1 Planeen juntos.

Paso 2 Actúen juntos.

Paso 3 Piensen en lo bien que trabajó su grupo.

Practica la destreza

1. Estudia la ilustración.

2. Trabaja en un grupo para escribir reglas que puedan usar los niños en este patio de recreo.

Aplica lo que aprendiste

Trabaja con familiares para planear una actividad. Usa los pasos que aprendiste.

Trabajadores escolares

Una escuela tiene muchos trabajadores.
Aprendemos con la ayuda de nuestro
maestro. El **director** ayuda a que nuestra
escuela sea un lugar seguro.

maestro

14

directora

· BIOGRAFÍA ·

Mary McLeod Bethune
1875–1955

Rasgo de personalidad: Perseverancia

Cuando Mary McLeod Bethune era joven, había
muy pocas escuelas para niños afroamericanos.
Cuando descubrió que había una, trabajó duro y
se hizo maestra. Más tarde inició una escuela y
una universidad a las que los afroamericanos
podrían asistir para educarse.

APRENDE
en
línea

BIOGRAFÍAS EN MULTIMEDIA
Visita The Learning Site en
www.harcourtschool.com/biographies
para conocer otros personajes famosos.

¿Cómo ayudan estos trabajadores escolares?

enfermero

conserje

asistente del maestro

bibliotecaria

servidora

LECCIÓN 3
Repaso

1 **Vocabulario**   ¿Cómo ayuda un **maestro** a los niños?

2 ¿Cómo ayudas en la escuela?

3 Haz una lista de personas que ayudan en tu escuela. Escribe una tarjeta de agradecimiento para un trabajador de tu lista.

4

¿Dónde estás?

Idea principal
Tú puedes describir una ubicación.

Vocabulario
ubicación

La **ubicación** de un lugar es donde está el lugar. La ilustración muestra dónde están los salones en esta escuela. Describe la ubicación de cada salón. Usa palabras como al lado de, junto a y frente de.

 18

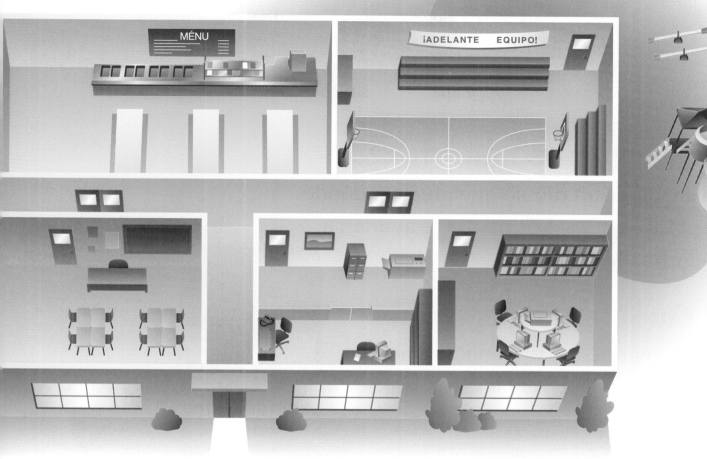

 ¿Qué salón está entre el salón de música y el gimnasio?

LECCIÓN 4
Repaso

1. **Vocabulario** Describe la **ubicación** del salón de música.

2. ¿En qué se parece esta escuela a la tuya?

3. Imagínate que estás ayudando a un niño que es nuevo en la escuela. Describe la ubicación de los salones que necesitará encontrar.

Observar los mapas

Vocabulario	
mapa	símbolo

▶ Por qué es importante

Un **mapa** es un dibujo que muestra dónde están los lugares. Los mapas te ayudan a hallar lugares.

▶ Qué necesitas saber

Los cartógrafos usan **símbolos** o dibujos para representar cosas reales.

patio de recreo

salón de música

cafetería

gimnasio

salón de clases

oficina

biblioteca

▶ Practica la destreza

1 Observa el mapa. ¿Dónde está el patio de recreo? ¿Cómo lo sabes?

2 ¿Qué salones están al lado de la cafetería?

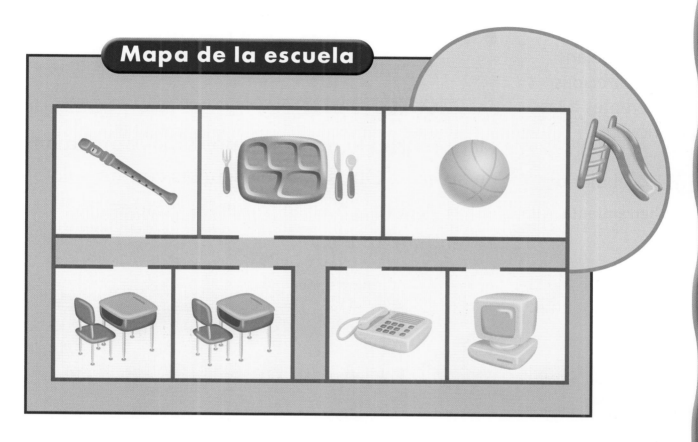

Mapa de la escuela

▶ Aplica lo que aprendiste

Usa símbolos para hacer un mapa de tu salón de clases.

Practica tus destrezas con mapas y globos terráqueos con el **CD ROM GeoSkills**.

Idea principal
Las escuelas del pasado tenían cosas parecidas y diferentes a las de hoy.

Vocabulario

herramienta

Las escuelas del pasado y las de hoy

Antiguamente

Hace mucho tiempo, algunos niños aprendían en su casa. Otros iban a escuelas con un solo salón donde niños de todas las edades aprendían juntos.

Actualmente

Algunas cosas no han cambiado. Los niños aún pueden aprender en casa o en salones de clases con niños de otras edades. Algunas cosas son diferentes. Hoy en día hay muchos tipos de escuelas.

Escuela hebrea

Escuela especial

Escuela en el hogar

Clase para niños de varias edades

Antiguamente

Una **herramienta** es algo que usan las personas.
Algunas herramientas se usan para aprender.
En el pasado, los niños tenían pocas
herramientas.

El ábaco es una herramienta muy antigua que se usaba para contar. Hoy la mayoría de las personas usan calculadoras, pero algunas todavía usan ábacos.

Actualmente

Hoy en día los niños usan muchas herramientas para aprender.

1 **Vocabulario** ¿Qué **herramientas** usas en la escuela?

2 ¿En qué son diferentes las escuelas del pasado?

3 Escribe tres oraciones que describan tu escuela.

Destrezas

TABLAS Y GRÁFICAS

Agrupar cosas

Vocabulario

tabla

▶ Por qué es importante

Agrupar cosas te ayuda a ver en qué se parecen y en qué se diferencian.

▶ Qué necesitas saber

Una **tabla** es un cuadro que muestra cosas en grupos. Los títulos te dicen lo que hay en cada grupo.

▶ Practica la destreza

❶ Observa la tabla. ¿Qué lado muestra herramientas del pasado? ¿Qué lado muestra herramientas de hoy?

❷ ¿Con qué escribían los niños del pasado? ¿Qué usan hoy?

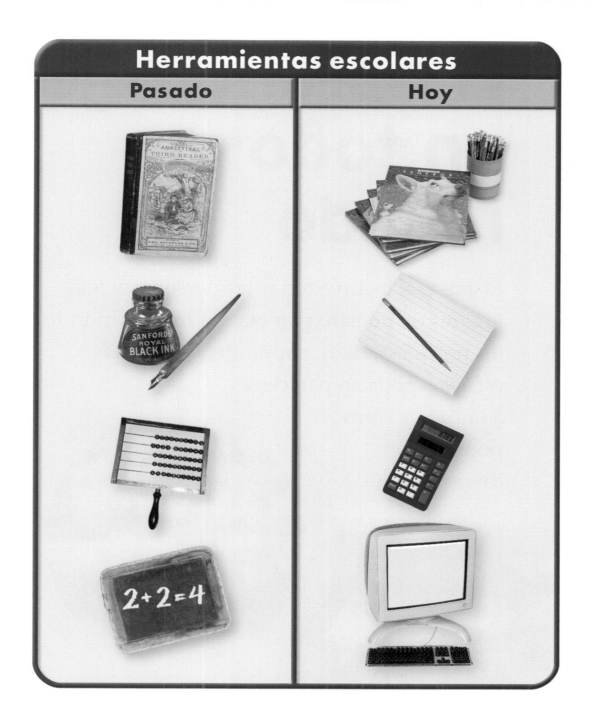

Herramientas escolares	
Pasado	**Hoy**

▶ Aplica lo que aprendiste

Haz una tabla que muestre herramientas de lectura y de escritura. Usa las herramientas bajo la columna. Hoy de la tabla en esta página, para hacer tu nueva tabla.

Idea principal
Las escuelas de todo el mundo tienen muchas cosas parecidas.

Vocabulario

mundo

El aprendizaje en todo el mundo

El **mundo** incluye todas las personas y los lugares de nuestro planeta. En todo el mundo los niños estudian y aprenden. Algunas escuelas podrían parecerse a la tuya y otras podrían ser diferentes.

Alemania

México

Internet

Las personas usan Internet para aprender y compartir. Con esta herramienta puedes hallar información sobre muchas cosas. Puedes ver el arte de un museo muy lejano. Hasta puedes enviar mensajes a todas partes del mundo.

Togo

Brasil

31

También aprendemos fuera del salón de clases. ¿Cómo aprenden estos niños?

Venezuela

Japón

Egipto

Italia

LECCIÓN 6
Repaso

① **Vocabulario** ¿Qué es el **mundo**?

② ¿En qué se parece la forma en que estos niños aprenden a la forma en que tú aprendes?

③ Escribe una carta contándole a alguien que está muy lejos cómo es tu escuela.

Una escuela para
bomberos

Prepárate

Hay muchos tipos de escuelas. En una escuela para bomberos, las personas aprenden a combatir incendios y mantener a otros fuera de peligro. También aprenden a trabajar juntos en equipo.

Observa

Los estudiantes se ayudan para usar una manguera de incendios.

Los estudiantes practican usando una escalera.

Hay mucho que aprender sobre el camión de bomberos.

La manguera se conecta a la toma de agua.

Los estudiantes estudian reglas de seguridad contra incendios.

Excursión

APRENDE **en línea**

UN PASEO VIRTUAL
Visita The Learning Site en **www.harcourtschool.com/tours** para recorrer virtualmente otros tipos de escuela.

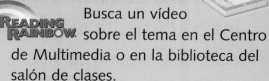

UN PASEO AUDIOVISUAL
Busca un vídeo sobre el tema en el Centro de Multimedia o en la biblioteca del salón de clases.

Resumen visual

Completa la tabla para demostrar en qué se parecen y en qué se diferencian las escuelas.

Las escuelas	
Parecidas	**Diferentes**
Las escuelas tienen maestros.	Las escuelas tienen tamaños diferentes.
Todos usan herramientas para aprender.	Hay computadoras en algunos salones de clase.

Piensa y escribe

Toma una decisión Elige una herramienta que usas todos los días en tu escuela.

Escribe un rótulo Escribe el nombre de la herramienta. Indica cómo se usa.

Usa el vocabulario

Escribe la palabra que va con cada definición.

1 número de personas que trabajan juntas

2 el líder de una escuela

3 instrucción que te dice lo que debes hacer

4 persona que nos ayuda a aprender

5 descubrir algo nuevo

aprender
(pág. 6)
regla
(pág. 10)
grupo
(pág. 12)
maestro(a)
(pág. 14)
director(a)
(pág. 14)

Recuerda los datos

6 Menciona una regla escolar que les ayude a los niños a ser justo.

7 ¿Qué herramientas te ayudan a aprender?

8 Menciona dos maneras en que las escuelas de hoy en día son diferentes a las escuelas de hace mucho tiempo.

9 ¿Cuál de los siguientes trabajadores escolares te ayuda a encontrar un libro?

A enfermero(a)   **C** conserje

B bibliotecario(a)   **D** servidora

10 ¿Cuál de los siguientes es un buen símbolo para una cafetería?

F

H

G

J

11 ¿Qué puede ocurrir cuando las personas no siguen las reglas?

12 ¿Cuál es la diferencia de trabajar en grupo que trabajar solo?

Aplica tus destrezas con tablas y gráficas

Reglas	
Reglas escolares	**Reglas hogareñas**
Levantar la mano	Hacer la cama
Hacer cola	Alimentar a los pececitos
Colgar la mochila	Mantener dormitorio limpio

13 ¿Cuál es el título de esta tabla?

14 ¿Cuál lado muestra reglas en la escuela? ¿Cuál lado muestra reglas en el hogar?

15 ¿**Alimentar a los pececitos** es una regla escolar o una regla hogareña?

16 ¿En cuál lado de la tabla debe ir la regla **Túrnense**?

38

Estudia estos símbolos.

Centro de arte   **Pupitre**   **Loncheras**   **Esquina de lectura**   **Escritorio del maestro**

Salón de clases de Joe

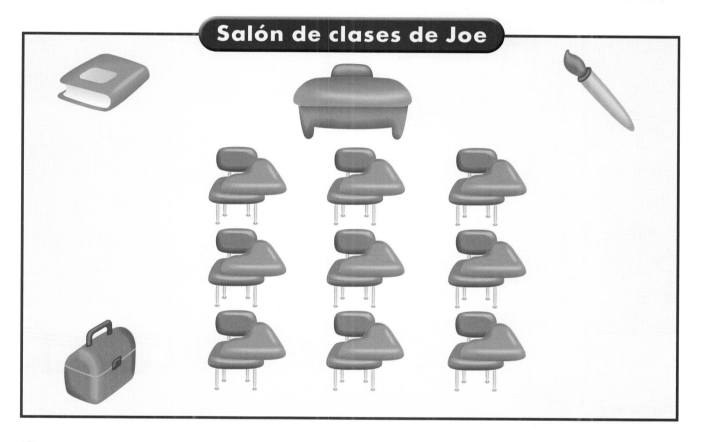

17 ¿Qué muestra este mapa?

18 ¿Cuál es el símbolo para la esquina de lectura?

19 ¿Qué significa el símbolo de pincel?

20 ¿Qué hay entre el centro de arte y la esquina de lectura?

Actividades de la unidad

Completa el proyecto de la unidad Trabaja con tu grupo para completar el proyecto de la unidad. Decide lo que quieren mostrar en su libro de recortes. Haz una portada.

APRENDE en línea

Visita The Learning Site en **www.harcourtschool.com/social studies/activities** donde encontrarás más actividades.

Escuela Sunrise Elementary
Noche de Casa Abierta

Vengan a conocer al maestro y vean como

Miércoles, 10 de septiembre
7:00 P.M.

Mr. Stevens

Libro

Nuestra mascota de la clase, Bogotas

Elige un lugar

Elige uno de estos lugares de tu escuela. Dibújalo.

- salón de clases
- cafetería
- biblioteca

Empareja trabajadores y herramientas

Haz dibujos de trabajadores escolares. Busca o dibuja las herramientas que usan. Empareja a los trabajadores con sus herramientas.

Consulta la biblioteca

 **Get Up and Go!** por Stuart J. Murphy. Sigue a una jovencita mientras se prepara en la mañana para ir a la escuela.

First Day, Hooray! por Nancy Poydar.
 Trabajadores y estudiantes se preparan para el primer día de escuela.

 **A School Album** por Peter y Connie Roop. Mira en qué se parecen y en qué se diferencian las escuelas del pasado y las de hoy.

Buenos ciudadanos

Adorno de un avión, 1915

2

Buenos ciudadanos

" Juro lealtad a mi bandera **"**.

– Francis Bellamy, en la revista *Youth's Companion*,
8 de septiembre de 1892

Presentación del contenido

Haz una tabla para mostrar lo que sabes y lo que quieres saber acerca de ser un buen ciudadano. Al final de esta unidad, termina la tabla con lo que aprendiste.

Tabla de S-QS-A		
Sé	Quiero saber	Aprendí

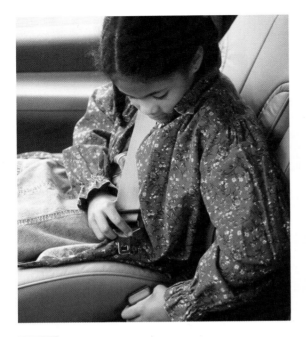

ley Regla que deben seguir las personas de una comunidad. (pág. 46)

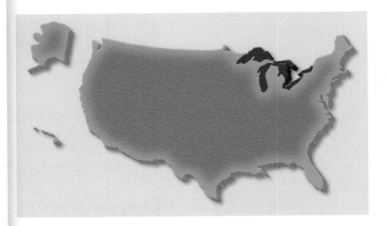

país Un área de tierra con sus propias personas y leyes. (pág. 52)

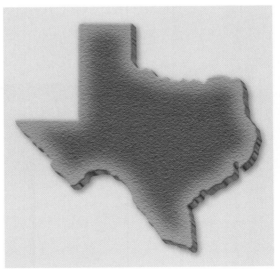

estado Parte de un país. (pág. 52)

presidente Líder del gobierno de Estados Unidos. (pág. 54)

bandera Tela con un diseño especial que representa un país o un grupo. (pág. 62)

ciudadano Persona que vive y pertenece a una comunidad. (pág. 68)

43

América

por Samuel F. Smith
ilustrado por Erika LeBarre

Mi país, es a ti,
linda tierra de libertad,
a quien le canto.
Tierra donde murieron
mis padres,
tierra del orgullo de los
peregrinos.
¡Que la libertad retumbe
desde todas las montañas!

Mi país natal,
tierra de los nobles libres
y cuyo nombre adoro.
Amo sus rocas y riachuelos,
sus bosques y sus colinas templadas.
Mi corazón se llena de embeleso
como antes ya lo expreso.

Piénsalo

1 ¿Qué es lo que cuenta el autor de América?

2 ¿Cómo te hace sentir la canción?

Lee un libro

Comienza el proyecto de la unidad

Un móvil Tu clase va a hacer un móvil que muestre a personas actuando como buenos ciudadanos. Al leer esta unidad, piensa en cómo mostramos orgullo por nuestra comunidad, estado y país.

Usa la tecnología

APRENDE **en línea**

Visita The Learning Site en **www.harcourtschool.com/ socialstudies** para obtener actividades adicionales, fuentes primarias y otros recursos para usar en esta unidad.

Idea principal
Las comunidades tienen reglas llamadas leyes.

Vocabulario
ley
comunidad

Reglas y leyes

Una comunidad tiene reglas llamadas leyes. Una **ley** es una regla que deben seguir las personas de una comunidad. Una **comunidad** es un grupo de personas que viven o trabajan juntas. También es el lugar donde viven esas personas.

Los oficiales de policía trabajan para mantener a las personas fuera de peligro. Se aseguran de que se obedezcan las leyes.

LECCIÓN 1
Repaso

1 **Vocabulario** ¿Por qué necesitan **leyes** las **comunidades**?

2 ¿En qué se parecen las reglas y las leyes? ¿En qué se diferencian?

3 Haz un letrero para una ley en tu comunidad que ayude a mantener a las personas fuera de peligro.

2

Idea principal
Los líderes ayudan a las personas a seguir las reglas y las leyes.

Vocabulario

líder
alcalde
ciudad
gobernador
gobierno

¿Quiénes son nuestros líderes?

Tú perteneces a muchos grupos. Eres miembro de una familia, de una clase y de una escuela. La mayoría de los grupos tiene líderes. Un **líder** está encargado de ayudar a un grupo de personas a seguir las reglas.

Reunión de padres y maestros
Martes, 7:30 p.m.
Salón

Las comunidades también tienen líderes. Un **alcalde** es el líder de una ciudad o un pueblo. Una **ciudad** es una comunidad grande y activa. El alcalde trabaja con otros líderes para lograr que una comunidad sea un buen lugar para vivir.

Stephen Luecke, alcalde de South Bend, Indiana

50

Un **gobernador** también es un líder. El gobernador trabaja para muchas comunidades. Los alcaldes y gobernadores forman parte del gobierno. El **gobierno** es un grupo de personas que hacen las leyes. Los trabajadores del gobierno también hacen otras tareas, como reparar carreteras, mantener los parques en buenas condiciones y ayudar en caso de incendios.

Colabora con tus líderes.

LECCIÓN 2
Repaso

1. **Vocabulario** ¿Qué hacen los **líderes**?

2. ¿Cómo puedes ayudar a los líderes de la escuela y de la comunidad?

3. Imagínate que eres el líder de un grupo. Di cómo ayudarías a los miembros del grupo.

Hallar estados en un mapa

Vocabulario		
país	estado	frontera

▶ Por qué es importante

Un **país** es un área de tierra con sus propias personas y leyes. Estados Unidos de América es nuestro país. Está formado por 50 estados. Un **estado** es una parte de nuestro país.

▶ Qué necesitas saber

En un mapa, las líneas llamadas fronteras separan los estados y países. Una **frontera** muestra dónde termina un estado o país. Canadá y México tienen fronteras que limitan con Estados Unidos.

Estados Unidos

Practica la destreza

1 ¿Qué estado comparte una frontera con Maine?

2 Ubica tu estado. Nombra un estado que esté cerca del tuyo.

3 ¿Cuántos estados limitan con Virginia?

Aplica lo que aprendiste

Lista los estados que limiten con Canadá o México.

Practica tus destrezas con mapas y globos terráqueos con el **CD ROM GeoSkills.**

Idea principal
El presidente es
el líder de
nuestro país.

Vocabulario

presidente

El presidente de nuestro país

El **presidente** es el líder de nuestro país. Trabaja con otros líderes del gobierno para decidir nuestras leyes.

La mayor parte del trabajo del presidente se hace en la Casa Blanca. La Casa Blanca también es la casa del presidente.

El presidente se reúne con personas y líderes de nuestro país. También visita a los líderes de otros países.

La Casa Blanca

George Washington fue el primer presidente de Estados Unidos de América. Él no vivió en la Casa Blanca, pero ayudó a decidir dónde construirla.

George Washington fue la primera persona en firmar la Constitución de Estados Unidos. La Constitución es el plan del gobierno de nuestro país. Hoy en día, nuestro país aún sigue este plan.

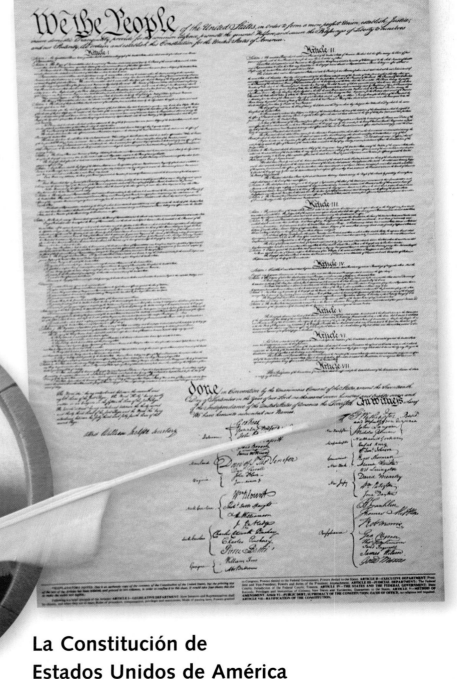

La Constitución de Estados Unidos de América

Thomas Jefferson
1743–1826
Rasgo de personalidad:
Responsabilidad

Thomas Jefferson fue el tercer
presidente de nuestro país. Ayudó
a escribir la Declaración de la
Independencia en 1776, la cual
dio inicio a Estados Unidos.

APRENDE en línea

BIOGRAFÍAS EN MULTIMEDIA
Visita The Learning Site en
www.harcourtschool.com/biographies para
conocer otros personajes famosos.

La Constitución dice que los estadounidenses
pueden elegir quién será el presidente.
Nuestro país ha tenido 43 presidentes.

LECCIÓN 3
Repaso

❶ **Vocabulario** ¿Quién es el **presidente** de
nuestro país?

❷ ¿Qué características hacen que una persona
sea un buen presidente?

❸ Dibuja y escribe para mostrar algo que
sepas sobre nuestro presidente.

Votar para tomar decisiones

Vocabulario

voto

boleta electoral

Por qué es importante

Los estadounidenses votan por muchos líderes del gobierno. Cuando **votas**, tomas una decisión. Los estadounidenses también votan para tomar decisiones sobre las leyes.

Qué necesitas saber

Los estadounidenses usan una **boleta electoral** para votar. Una boleta electoral es una hoja que muestra todas las opciones. En ella, marcas tu selección. Cuando se termina el tiempo de la votación, se cuentan los votos para cada opción. Gana la opción que haya recibido más votos.

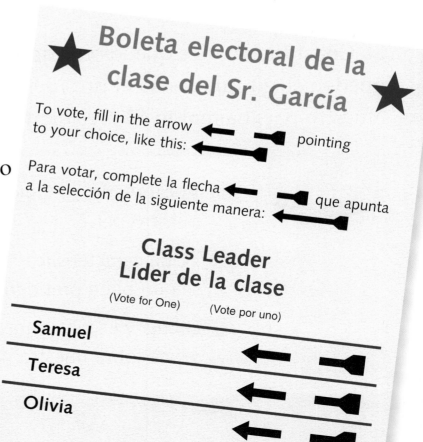

★ **Boleta electoral de la clase del Sr. García** ★

To vote, fill in the arrow pointing to your choice, like this:

Para votar, complete la flecha que apunta a la selección de la siguiente manera:

Class Leader
Líder de la clase

(Vote for One)　(Vote por uno)

Samuel

Teresa

Olivia

58

▶ Practica la destreza

1 La clase del Sr. García usó boletas electorales para votar por el líder de la clase. Las opciones eran Samuel, Teresa y Olivia. Se contaron los votos. Observa la tabla para ver quién obtuvo la mayoría de votos.

2 ¿Quién será el líder de la clase?

▶ Aplica lo que aprendiste

Hagan una votación en la clase. Haz una lista de los libros que le gustaría leer a tu clase. Haz una boleta electoral que muestre todas las opciones. Cuenta los votos para cada libro. Muéstralos en una tabla. ¿Qué libro prefiere leer tu clase?

Los símbolos de Estados Unidos

Estados Unidos de América tiene símbolos que nos recuerdan a personas y eventos importantes. Algunos de estos símbolos son lugares que podemos visitar.

Idea principal
Los símbolos nos recuerdan que debemos mostrar respeto por nuestro país.

Vocabulario

bandera

Águila calva

El Capitolio

DATOS BREVES Un líder llamado Benjamin Franklin quería que el pavo fuera un símbolo de Estados Unidos. Pero, en su lugar, se eligió el águila calva.

Monte Rushmore

El Álamo

Monumento Washington

Campana de la Libertad

Estatua de la Libertad

Nuestra **bandera** es un símbolo de nuestro país. Sus colores son rojo, blanco y azul. Cada estrella representa un estado de nuestro país. Las franjas representan los primeros 13 estados de Estados Unidos. Cuando decimos el Juramento a la bandera, mostramos que nos importa nuestro país.

Juramento
a la bandera

Juro lealtad a la bandera de Estados Unidos de América y a la república que representa, una nación bajo la protección de Dios, indivisible, con libertad y justicia para todos.

Cada estado tiene su propia bandera.

Algunos estados tienen juramentos a sus banderas.

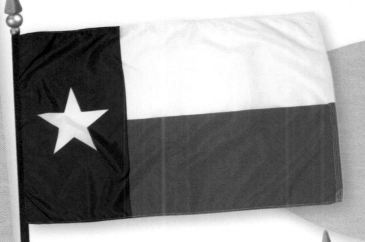

Honro la bandera de Texas; prometo fidelidad a ti, Texas, una sola e indivisible.

Saludo la bandera de Arkansas con su diamante y sus estrellas. Te prometemos fidelidad.

Nuestro país tiene el lema o dicho "creemos en Dios". Los estados también tienen lemas.

Pennsylvania

Virtud, libertad e independencia

Texas

Amistad

Indiana

La encrucijada de América

Patrimonio cultural

El estado de Washington debe su nombre a George Washington, el primer presidente de Estados Unidos. Es el único estado que lleva el nombre de un presidente.

THE SEAL OF THE STATE OF WASHINGTON 1889

Podemos cantar canciones que muestren nuestro orgullo por nuestro país y nuestro estado.

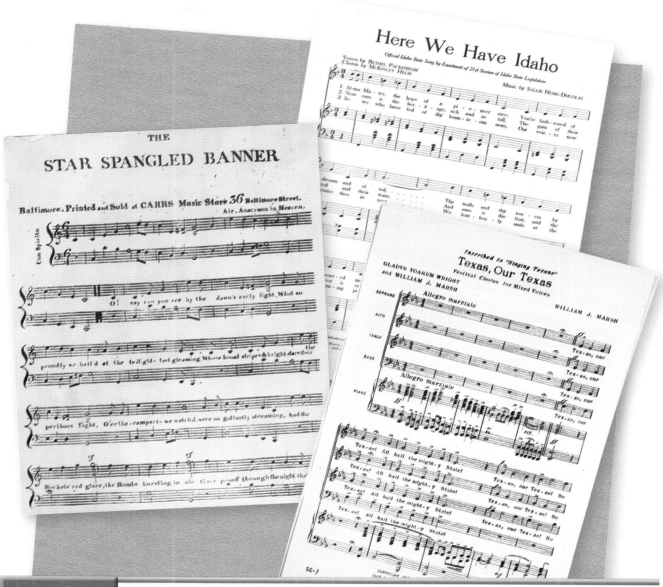

1. **Vocabulario** Explica cómo la **bandera** es un símbolo para nuestro país.

2. ¿Crees que los símbolos son importantes? ¿Por qué?

3. Haz un cartel que muestre los símbolos de tu estado.

Ficción o no ficción

Vocabulario

ficción
no ficción
hecho

▶ Por qué es importante

Los cuentos pueden ser inventados o reales. Los cuentos que se inventan son **ficción**. Los libros de información real son **no ficción**. Los libros de no ficción solo cuentan **hechos**. Un hecho es algo verdadero.

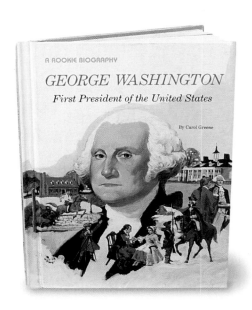

▶ Qué necesitas saber

El título, las ilustraciones y las palabras de un libro te permiten saber si es ficción o no ficción.

Then, in 1789, George was elected the first president of the United States.

He didn't think he was good enough to be president. But he took the job.

▶ Practica la destreza

1 Observa los libros.

2 ¿Qué libro crees que es ficción? ¿Por qué?

3 ¿Qué libro crees que cuenta más hechos? ¿Por qué?

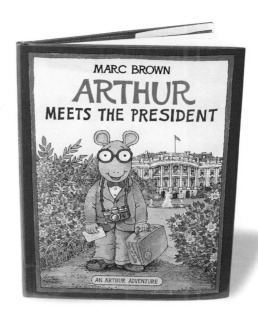

Arthur had never seen so many important-looking people.
"Good afternoon, Mr. President," he began.
"When I think about what I can do to make America great . . . ah, ah, ah . . ."
Arthur began to feel very warm.
His knees began to shake.
His mind went blank.
"This is the worst day of my life," he thought.

Suddenly Buster giggled.
Soon everyone else joined in.
Even the President was laughing.
Arthur turned bright red.
And when Arthur saw what they were laughing at, he laughed too.

▶ Aplica lo que aprendiste

Elige un libro y observa la portada y las ilustraciones. ¿Crees que el libro es de ficción o no ficción? ¿Cómo lo sabes?

Reseñas de buenos ciudadanos

Un **ciudadano** es una persona que vive en y pertenece a una comunidad. Los buenos ciudadanos ayudan a las personas. Lee sobre cómo estos buenos ciudadanos ayudaron a otros.

Idea principal
Los buenos ciudadanos ayudan a otras personas.

Vocabulario

ciudadano

Patriotismo

Nathan Hale
1755–1776
Rasgo de personalidad: Patriotismo

Nathan Hale mostró gran patriotismo, o sea, amor por su país. Fue un líder que ayudó a los americanos a liberarse del país de Inglaterra.

Responsabilidad

Sam Houston
1793–1863
Rasgo de personalidad: Responsabilidad

Cuando Sam Houston se mudó a Texas, éste le pertenecía a México. Él ayudó a los americanos que vivían allí a luchar por liberarse de México. También trabajó para que Texas fuera parte de Estados Unidos.

Compasión

Clara Barton
1821–1912
Rasgo de personalidad: Compasión

Clara Barton fundó la Cruz Roja Americana. La Cruz Roja es un grupo que ayuda cuando algo malo sucede, como una inundación. Les da a las personas alimento, ropa, medicinas y refugio.

Justicia

Eleanor Roosevelt
1884–1962
Rasgo de personalidad: Justicia

Eleanor Roosevelt creía que se debía tratar de manera justa a todo el mundo. Trabajó con líderes de otros países para ayudar a las personas de todo el mundo a tener una mejor vida.

Creatividad

Stephanie Kwolek
nacida en 1923
Rasgo de personalidad: Creatividad

Stephanie Kwolek creó una tela nueva importante. Este material es ligero, pero más fuerte que el acero. Se usa en los chalecos especiales que llevan los oficiales de policía. Su descubrimiento ha ayudado a salvar muchas vidas.

Civismo

Los bomberos
Rasgo de personalidad: Civismo

Algunos ciudadanos tienen trabajos peligrosos. Cuando a los bomberos se les llama a trabajar, hacen todo lo posible por ayudar a las personas. Incluso renuncian a su propia seguridad.

Muchos bomberos perdieron la vida cuando atacaron los edificios de la ciudad de New York el 11 de Septiembre del 2001.

LECCIÓN 5
Repaso

1. **Vocabulario** ¿Cómo las personas pueden ser buenos **ciudadanos**?

2. ¿Cuáles son algunos rasgos de personalidad de los buenos ciudadanos?

3. Piensa en un buen ciudadano que conozcas. Cuéntale a la clase sobre él o ella.

6

Derechos y responsabilidades

Idea principal
Los ciudadanos tienen derechos y responsabilidades.

Vocabulario
derecho
responsabilidad

Los ciudadanos de nuestro país tienen derechos especiales. Un **derecho** es algo que las personas son libres de hacer. Pueden elegir a sus líderes. Pueden pertenecer a grupos. Pueden vivir donde quieran.

Libertad de culto

Libertad de expresión

Cuando las personas tienen derechos, también tienen responsabilidades. Una **responsabilidad** es algo que debes cuidar o hacer. Obedecer las leyes es una responsabilidad. Esto mantiene segura a la comunidad.

ES LA LEY
Limpie lo que ensucie su perro.

máxima múlta de $100
ley de salud publica
DEPARTMENT OF SANITATION

LECCIÓN 6
Repaso

❶ **Vocabulario** ¿Cuál es un **derecho** que tienen los americanos?

❷ ¿Qué responsabilidades tienes en la escuela?

❸ Haz un dibujo que muestre una responsabilidad que tengas en la casa.

VISITA

Cómo las comunidades honran a sus ciudadanos

Prepárate

Muchas comunidades honran a las personas que han hecho algo especial. Quizá le pongan el nombre de esa persona a una calle, un parque o un edificio.

Observa

Esta escuela le debe su nombre a la poeta Gwendolyn Brooks. Ella escribió poemas sobre las personas de su barrio.

Este mural es sobre el trabajo del arquitecto Daniel Burnham. Él planificó parques y edificios que daban un toque especial a las ciudades.

PASTEUR PARK

El parque Louis Pasteur le debe su nombre a un científico. Pasteur encontró la manera de matar los gérmenes en los alimentos que comemos.

Excursión

APRENDE en línea

UN PASEO VIRTUAL
Visita The Learning Site en **www.harcourtschool.com/tours** para recorrer virtualmente otros monumentos.

UN PASEO AUDIOVISUAL

READING RAINBOW.

Busca un vídeo sobre el tema en el Centro de Multimedia o en la biblioteca del salón de clases.

Resumen visual

Completa la tabla para demostrar que has aprendido sobre cómo ser un buen ciudadano.

Tabla de S-QS-A		
Sé	**Quiero saber**	**Aprendí**
Tenemos leyes.	**¿Todos tenemos que seguir las leyes?**	
Tenemos un presidente.	**¿Quién es nuestro presidente?**	

Piensa y escribe

Explícalo Piensa en los símbolos de nuestro país. Comenta sobre lo que significan estos símbolos.

Escribe una oración Escoge un símbolo. Escribe una oración que diga por qué es un buen símbolo para nuestro país.

Usa el vocabulario

Escribe la palabra que va con cada ilustración.

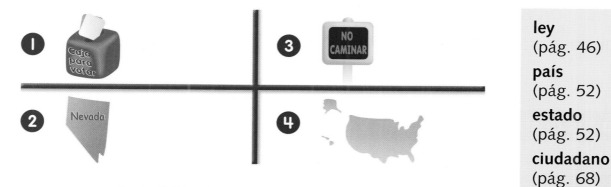

ley
(pág. 46)

país
(pág. 52)

estado
(pág. 52)

ciudadano
(pág. 68)

Recuerda los datos

5 ¿Qué es una ley?

6 Nombra líderes de tu comunidad y estado.

7 ¿En qué se diferencia un país de un estado?

8 ¿Quién fue el primer presidente de Estados Unidos?

9 ¿Cuál de los siguientes lugares es el hogar del presidente de Estados Unidos?

    A el Capitolio   **C** el Álamo

    B el monumento a   **D** la Casa Blanca
       Washington

10 ¿Cuál de los siguientes te dice algo sobre los libros de no ficción?

    F no contar ningún hecho   **H** tener información
                                    verdadera

    G no tener ilustraciones   **J** tener historias
                                    inventadas

⓫ ¿Cómo ayudan los líderes a los ciudadanos?

⓬ ¿Cuáles son algunas cosas que pueden hacer los buenos ciudadanos?

Aplica tus destrezas con tablas y gráficas

Votos sobre viajes de estudios de la clase	
museo	IIII
zoológico	IIIIIIIIIII
parque	IIIIIIII

⓭ ¿Sobre qué están votando los estudiantes de la clase de la Sra. Johnson?

⓮ ¿Cuáles son las opciones?

⓯ ¿Cuántos votos tiene el museo?

⓰ ¿Cuál es la opción con más votos?

Estados Unidos

17 Busca Indiana. Nombra los estados que limitan con Indiana.

18 ¿Qué países limitan con Estados Unidos?

19 ¿Cuál estado está más cerca de Canadá: Montana o North Carolina?

20 ¿Cuál estado limita con Nebraska, Iowa o Texas?

Actividades de la unidad

Completa el proyecto de la unidad Trabaja con tu grupo para completar el proyecto de la unidad. Decide cómo mostrarán lo que hacen los buenos ciudadanos y lo que tiene de especial nuestro país.

APRENDE **en línea**

Visita The Learning Site en **www.harcourtschool.com/social studies/activities** donde encontrarás más actividades.

Escoge un líder

Dibuja uno de estos líderes. Escribe una oración que diga por qué él o ella es un buen líder. Agrega tu líder al móvil.

- maestro(a)
- director(a)
- entrenador(a)

Símbolos americanos

Dibuja o busca ilustraciones de símbolos americanos. También puedes usar los símbolos de tu estado. Agrega los símbolos a tu móvil.

Consulta la biblioteca

The Inside-Outside Book of Washington, D.C. por Roxie Munro. Dale un vistazo a algunos de los edificios importantes de Washington, D.C.

If I Were President por Catherine Stier. Lee sobre lo que algunos niños harían si fueran el presidente de Estados Unidos.

The Flag We Love por Pam Muñoz Ryan. Entérate de datos sobre la bandera de Estados Unidos.

La tierra a mi alrededor

Globo terráqueo
portátil

3

La tierra a mi alrededor

❝Trata la tierra con cariño

Trata la tierra con cariño

Porque si se echa a perder

no se puede componer.

Trata la tierra con cariño**❞**.

– Canción yoruba (africana)

Presentación del contenido

Haz una plantilla para mostrar algunos de los recursos naturales de nuestro mundo. Mientras lees esta unidad, agrega a la plantilla. Escribe lo que aprendes sobre el terreno, el agua y otros recursos de la Tierra.

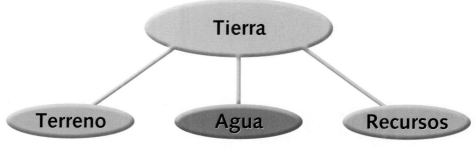

barrio Parte de una comunidad en la que vive un grupo de personas. (pág. 94)

continente Una de las siete áreas de terreno importantes sobre la Tierra. (pág. 105)

océano Masa de agua salada muy grande. (pág. 105)

recurso Cualquier cosa que las personas pueden usar. (pág. 108)

tiempo Cómo se siente el aire afuera. (pág. 112)

Desde aquí hasta allá

por Margery Cuyler
ilustrado por Yu Cha Pak

A menudo, las personas usan su **dirección** para decir dónde viven. En este libro, María describe dónde vive de una manera especial.

Mi nombre es María Mendoza. Vivo con mi
papá, mi mamá, mi hermanito Tony, y mi
hermana mayor, Angélica,

en la casa 43 de la calle Juniper,

en el pueblo de Splendora,

en el condado de Montgomery,

en el estado de Texas,

en el país de Estados Unidos,

en el continente de América del Norte,

en el hemisferio occidental,

en el planeta Tierra,
en el sistema solar,

en la Vía Láctea,
en el universo
y más allá.

Desde aquí hasta allá,
mi nombre es
María Mendoza.

Piénsalo

1 ¿Cómo describe María donde vive?

2 Escribe tu dirección en un sobre.

Lee un libro

Comienza el proyecto de la unidad

Un collage de la comunidad
Tu clase hará un collage para mostrar los diferentes tipos de terreno, agua y recursos en y alrededor de tu comunidad. A medida que leas esta unidad, recuerda lo importante que son estas cosas para las personas.

Usa la tecnología

Visita The Learning Site en **www.harcourtschool.com/ socialstudies** para obtener actividades adicionales, fuentes primarias y otros recursos para usar en esta unidad.

1

Un barrio

Idea principal
Las personas
de un barrio
comparten
cosas.

Vocabulario

barrio

La ciudad de Houston no está muy lejos de Splendora, donde vive María. Houston es una comunidad grande con muchos barrios. Un barrio es la parte de una comunidad donde vive un grupo de personas. Las personas de un barrio comparten las mismas escuelas, bibliotecas y parques.

Observa esta foto de un barrio de Houston tomada desde arriba.

Éste es un mapa del mismo barrio.

GEOGRAFÍA TEMA ¿Cómo se muestran los lugares en este mapa?

LECCIÓN 1 Repaso

1. **Vocabulario** ¿Qué es un **barrio**?

2. ¿En qué se parecen una ilustración y un mapa? ¿En qué se diferencian?

3. Lista algunos lugares que comparten las personas en tu barrio.

Usar una clave del mapa

Vocabulario

clave del mapa

▶ Por qué es importante

Los símbolos nos ayudan a hallar lugares en un mapa.

▶ Qué necesitas saber

Una **clave del mapa** lista los símbolos que se usan en un mapa. Te muestra lo que significan.

▶ Practica la destreza

1 ¿Cuál es el símbolo para el zoológico?

2 Busca la Universidad Rice. ¿En qué calle está ubicada?

3 ¿Qué está cerca del lago?

Clave del mapa

 Museo de los Niños

 Centro de la comunidad

 Campo de golf

 Museo de Ciencias Naturales de Houston

 Jardín japonés

 Universidad Rice

 Zoológico

 Calle

ZOO

ENTRADA 6540711

ENTRADA 6540721

96

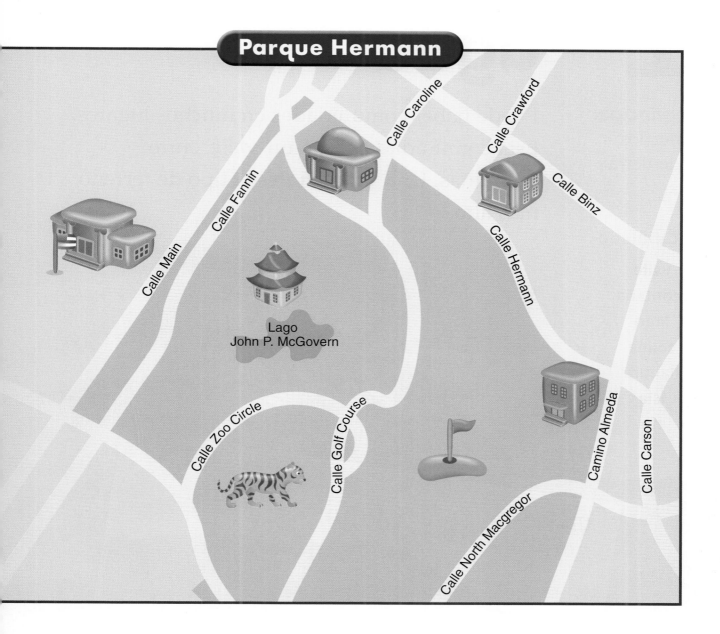

Parque Hermann

Calle Caroline

Calle Crawford

Calle Fannin

Calle Binz

Calle Main

Calle Hermann

Lago
John P. McGovern

Calle Zoo Circle

Calle Golf Course

Camino Almeda

Calle Carson

Calle North Macgregor

▶ Aplica lo que aprendiste

Haz un mapa de tu comunidad.

Usa símbolos y una clave del mapa.

Practica tus destrezas con mapas y globos terráqueos con el **CD ROM GeoSkills.**

La tierra y el agua

Idea principal
Hay muchos tipos de tierra y agua.

Vocabulario
valle
montaña
lago
colina
llanura
isla
río

Puede haber comunidades en muchos lugares. Esta comunidad está en un **valle** entre montañas. Una **montaña** es el tipo de terreno más alto.

Montañas Sawtooth

Querida tía Patty,

Lo estoy pasando muy bien en Sun Valley

Cariños,
Tony

Visite Sun Valley, Idaho

Este barrio está al lado de un lago. El agua de un **lago** está rodeada de tierra. Los lagos pueden ser grandes o pequeños, llanos o profundos.

Lago Silver, Massachusetts

Hay otros tipos de tierra. Una **colina** es un terreno que se eleva sobre la tierra que la rodea. Las colinas no son tan altas como las montañas.

Las colinas de California

Una **llanura** es un terreno que es casi totalmente plano. El terreno en la mayor parte de las llanuras es bueno para sembrar alimentos.

Calle Main
Lawrence, Kansas

Las llanuras de Kansas

Una **isla** es tierra rodeada de agua.

ISLAS NORWALK

Connecticut, EE.UU.

Cariños,
Patty

575 Penn Lane
York, PA 17404

NORWALK, CT
PM
04 AUG
2003

RÍO COLORADO

ARIZONA, EE.UU.

Un **río** es una masa larga de agua que fluye por la tierra. El agua de algunos ríos fluye muy rápido.

LECCIÓN 2 Repaso

1. **Vocabulario** ¿Qué diferencia hay entre una **montaña** y una **llanura**?

2. ¿Qué tipos de terreno y agua están cerca de tu comunidad?

3. Elige un tipo de terreno y un tipo de agua. Haz un dibujo de cada uno.

Hallar tierra y agua en un mapa

▶ Por qué es importante

Observar la tierra y el agua en los mapas te puede ayudar a imaginar cómo son los lugares.

▶ Qué necesitas saber

Texas es un estado grande. Tiene muchos tipos de tierra y agua. Colores diferentes muestran diferentes tipos de tierra y agua.

▶ Practica la destreza

1. ¿Cómo se muestran las llanuras en este mapa?

2. Nombra dos ríos de Texas.

3. ¿Qué ciudad se encuentra en las montañas?

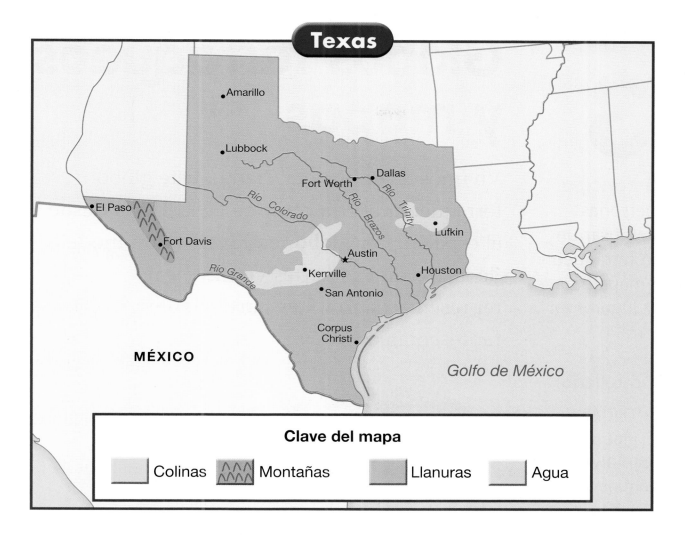

Texas

Amarillo
Lubbock
Dallas
Fort Worth
Río Colorado
Río Brazos
Río Trinity
El Paso
Fort Davis
Lufkin
Austin
Río Grande
Kerrville
Houston
San Antonio
Corpus Christi
MÉXICO
Golfo de México

Clave del mapa

Colinas   Montañas   Llanuras   Agua

▶ Aplica lo que aprendiste

Observa el mapa de tu estado. Halla los diferentes tipos de tierra y agua.

Practica tus destrezas con mapas y globos terráqueos con el **CD ROM GeoSkills.**

3

Globos terráqueos y mapas

Idea principal
Las personas pueden usar un globo terráqueo y un mapa para hallar lugares en la Tierra.

Vocabulario

Tierra
globo terráqueo
continente
océano

Vivimos en el planeta **Tierra**. Este globo terráqueo muestra cómo se ve la Tierra desde el espacio. Un **globo terráqueo** es un modelo de la Tierra. Las partes verdes y café representan tierra. Las partes azules representan agua.

Al igual que un globo terráqueo, un mapa también puede mostrar todos los lugares de la Tierra. Las siete áreas grandes de tierra son los **continentes**. Vivimos en el continente de América del Norte. Entre la mayoría de los continentes hay océanos. Un **océano** es una masa muy grande de agua salada.

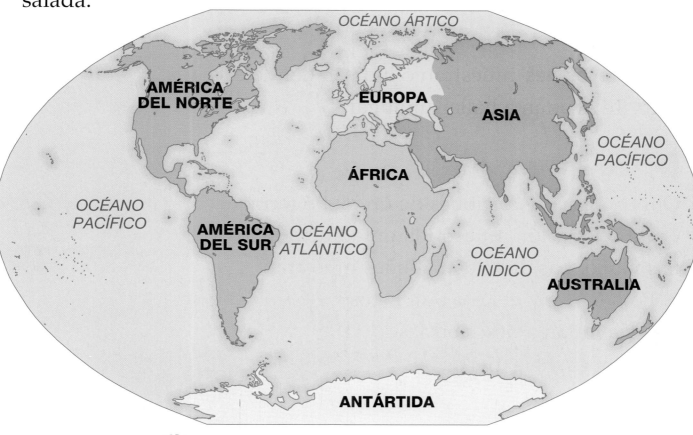

 ¿Qué océanos están cerca de América del Norte?

LECCIÓN 3
Repaso

❶ **Vocabulario** ¿En qué se diferencian un **globo terráqueo** y un mapa?

❷ Nombra dos océanos.

❸ Halla Estados Unidos en un globo terráqueo.

Hallar direcciones en un mapa

Vocabulario

direcciones

▶ Por qué es importante

Las **direcciones** muestran o indican dónde está algo. Te ayudan a hallar un lugar.

▶ Qué necesitas saber

Observa las ilustraciones de un globo terráqueo. Cada ilustración muestra la mitad del globo terráqueo. Las dos ilustraciones muestran el Polo Norte y el Polo Sur. Estos polos ayudan a describir las direcciones de la Tierra.

Las direcciones principales son norte, sur, este y oeste. El Norte es la dirección hacia el Polo Norte. Cuando te paras de frente al norte, el este te queda a tu derecha. El oeste te queda a tu izquierda.

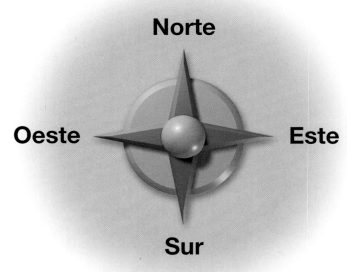

Norte

Oeste

Este

Sur

Practica la destreza

1 ¿Qué continente está al este de Europa?

2 ¿Qué continente está en el Polo Sur?

3 ¿Qué continente está al oeste de América del Norte?

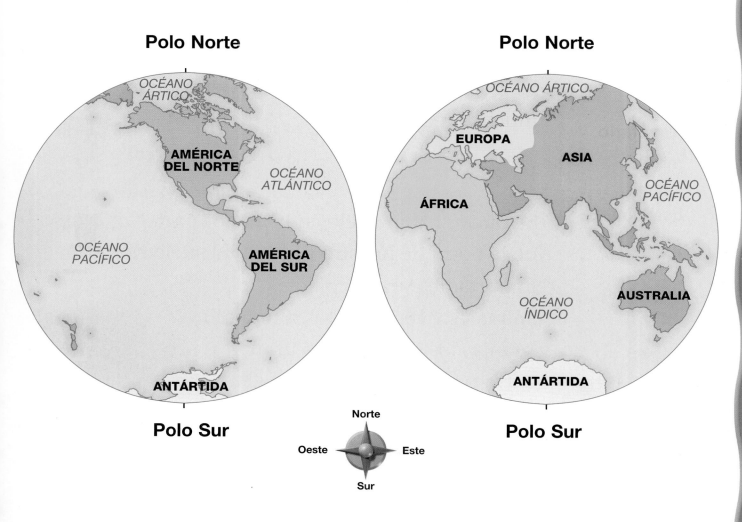

Aplica lo que aprendiste

Haz un modelo de la Tierra.

 Practica tus destrezas con mapas y globos terráqueos con el **CD ROM GeoSkills.**

4

Vocabulario

recurso
granja
bosque

Las personas y los recursos

¿En qué se parecen el papel, el pan y la gasolina? Todos están hechos de los recursos de la Tierra. Un **recurso** es cualquier cosa que las personas pueden usar. La Tierra tiene muchos recursos.

El suelo

Se puede hallar suelo en la mayor parte de la tierra de nuestro planeta. El suelo es importante para las plantas, los animales y las personas. En una **granja**, los trabajadores usan la tierra para cultivar plantas y criar animales que las personas usan como alimento.

Los árboles

Un **bosque** es un área extensa donde crecen muchos árboles. La madera de los árboles se usa para hacer muebles y edificios. Algunos árboles nos dan alimento, como las manzanas y las nueces.

El petróleo y el gas

El petróleo y el gas se hallan debajo de la tierra. Las personas usan el petróleo y el gas para calentar sus hogares y cocinar su comida. Parte del petróleo se convierte en gasolina para hacer que los carros y otras máquinas funcionen.

Hay que perforar hoyos profundos en la tierra para llegar al petróleo. Un motor hace girar el tubo perforador para romper las rocas. Cuando el perforador llega al petróleo, se bombea a la superficie por la tubería.

¿Cómo se llega al petróleo bajo la tierra?

torre de perforación

sala de máquinas

tubo perforador

roca

petróleo

El agua

El agua es un recurso que todos los seres vivos deben tener para vivir. Las personas y los animales beben agua y algunas plantas y animales viven en ella.

LECCIÓN 4
Repaso

1. **Vocabulario** ¿Cómo te ayudan los **recursos**?

2. ¿Qué recursos naturales hay en o están cerca de tu comunidad?

3. Haz una lista de maneras en que las personas usan el agua.

Predecir lo que sucederá

Vocabulario

predecir

tiempo

▶ Por qué es importante

Cuando sabes cómo pasan las cosas, puedes **predecir**, o sea, decir antes de tiempo lo que sucederá. Saber lo que va a pasar puede ayudarnos a planear lo que debemos hacer.

▶ Qué necesitas saber

Las personas pueden predecir el tiempo al observar las nubes. El **tiempo** es como es el clima afuera. A menudo, las nubes oscuras significan que va a llover.

▶ Practica la destreza

1 Si no lloviera por mucho tiempo, ¿qué les pasaría a los cultivos?

2 Piensa en las personas que preparan, venden y compran comida. Di lo que crees que les pasaría.

▶ Aplica lo que aprendiste

¿Qué crees que pasaría si las personas pescaran todo el pescado que encontraran?

Idea principal
Las personas
necesitan cuidar
los recursos
naturales de la
Tierra.

Vocabulario

contaminación
tirar basura
reciclar

Salvar nuestros recursos

En la Tierra viven muchas personas. Todas usan los mismos recursos.

Proteger nuestros recursos

Es importante mantener limpios la tierra y nuestros recursos. La **contaminación** es cualquier cosa que ensucia el aire, la tierra o el agua.

Las leyes ayudan. Tú también puedes ayudar. No debes **tirar basura**, es decir, botar desperdicios en el suelo o en el agua.

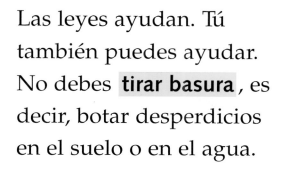

Marjory Stoneman Douglas
1890–1998
Rasgo de personalidad: Responsabilidad

A Marjory Stoneman Douglas le encantaba el Everglades, el terreno bajo y pantanoso en el sur de Florida. Gracias a su ayuda, actualmente hay leyes que protegen el Everglades y su vida salvaje.

APRENDE en línea

BIOGRAFÍAS EN MULTIMEDIA
Visita The Learning Site en
www.harcourtschool.com/biographies
para conocer otros personajes famosos.

Puedes usar menos un recurso.

Puedes usar algunas cosas más de una vez.

Reduce, usa otra vez, recicla.

Puedes reciclar.
Reciclar es convertir algo viejo en algo nuevo.

Reciclar

LECCIÓN 5
Repaso

❶ **Vocabulario**   ¿Por qué es importante no **tirar basura**?

❷ ¿Por qué las personas deben usar menos los recursos?

❸ Haz un cartel que muestre cómo puedes ahorrar recursos en tu casa.

Idea principal
Las personas de todo el mundo viven en todo tipo de hogares.

Vocabulario

desierto

Casas y hogares

Las personas de todo el mundo tienen diferentes tipos de hogares. Algunas viven en casas. Otras viven en edificios con muchos apartamentos.

Alemania

Canadá

Brasil

Las personas construyen hogares usando los recursos de la tierra donde viven. Los techos de estas casas en Zaire están hechos de paja, o sea, pasto seco.

Zaire

México

Las personas también tienen que pensar en el clima del sitio donde construyen sus hogares. Este sitio en México se construyó con ladrillos de arcilla secados bajo el sol caliente del desierto. Un **desierto** es un terreno donde llueve poco.

• GEOGRAFÍA •

GEOGRAFÍA ELEMENTO ESENCIAL

El cacto saguaro crece en el desierto Sonoran. Este desierto está en la parte sur de Estados Unidos y en la parte norte de México.

ESTADOS UNIDOS

MÉXICO

Desierto de Sonora

Esta casa está en Noruega. Está hecha de los árboles del bosque que la rodea.

Noruega

Cuando llueve mucho, este río en el bosque tropical de Amazonas se desborda. Esta casa en Venezuela está hecha sobre estacas. Las estacas la mantienen seca sobre el agua del río.

Venezuela

Algunos sitios están muy poblados. Estas casas en Italia están construidas muy cerca unas de otras. Hay muy poco espacio libre entre las casas.

Italia

China

Esta ciudad de China tiene muy poco terreno para nuevas casas. Algunas personas viven en botes.

**LECCIÓN 6
Repaso**

❶ **Vocabulario** ¿En qué se diferencia un **desierto** de un bosque?

❷ ¿Por qué debemos pensar en el clima cuando construimos nuestros hogares?

❸ Describe los tipos de casas de tu barrio.

Un jardín para las mariposas

Prepárate

Plantar un jardín de flores embellece más cualquier lugar. Algunas flores son las favoritas de las mariposas. Estos estudiantes decidieron plantar un jardín para las mariposas, afuera de su escuela.

Observa

Puerta

66 pies

tana

33 pies

Camino al gimnasio

Banco de granito

Entrada a la oficina

El asta

E1706 27

Ashton-5

Entrada - Estacionamiento

Sara Demmons

Estación de bomberos

Cada estudiante dibuja un plan del nuevo jardín para las mariposas.

Antes

Los jardines para las mariposas deben recibir bastante sol pero no mucho viento.

Los estudiantes trabajan en el jardín para cuidar las flores.

Ahora

Los estudiantes celebran el nuevo jardín con una fiesta.

Excursión

APRENDE **en línea**

UN PASEO VIRTUAL
Visita The Learning Site en **www.harcourtschool.com/ tours** para recorrer virtualmente otros parques y áreas escénicas.

UN PASEO AUDIOVISUAL
READING RAINBOW   Busca un vídeo sobre el tema en el Centro de Multimedia o en la biblioteca del salón de clases.

Resumen visual

Completa esta red de palabras. Escribe o dibuja
para mostrar lo que aprendiste en esta unidad.

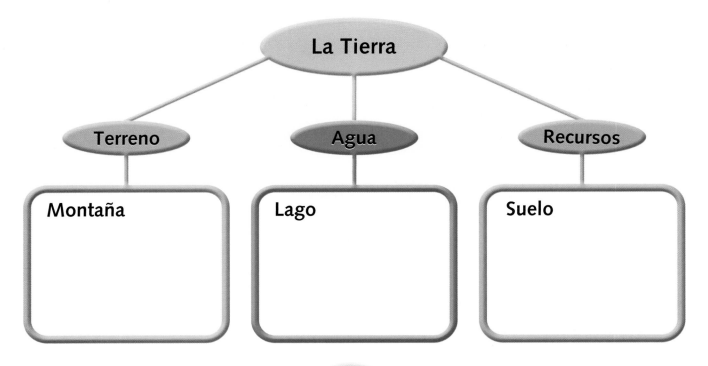

La Tierra

Terreno — Montaña

Agua — Lago

Recursos — Suelo

Piensa y escribe

Mira los dibujos Mira
casas en libros y revistas.
Busca pistas que muestren
cómo es el tiempo allí.

Escribe una leyenda Elige
una de las casas. Escribe
una oración que indique
el tiempo que hace en esa
ilustración.

Haz un dibujo que muestre el significado de cada palabra.

1 barrio

(pág. 94)

3 recurso

(pág. 108)

2 océano

(pág. 105)

4 tiempo

(pág. 112)

Recuerda los datos

5 ¿Cuántos continentes hay?

6 ¿En qué se diferencia un río de un océano?

7 Menciona dos clases de recursos.

8 ¿Cómo usan el suelo los granjeros?

9 ¿En qué continente vives?

A África

B Australia

C América del Norte

D América del Sur

10 ¿Cuál recurso usan las personas para construir casas?

F agua

G suelo

H petróleo

J árboles

Piensa críticamente

11 ¿De qué manera el ser capaz de predecir puede ayudar a las personas a planificar qué hacer?

12 ¿Por qué es importante cuidar los recursos de la Tierra?

Aplica tus destrezas con tablas y gráficas

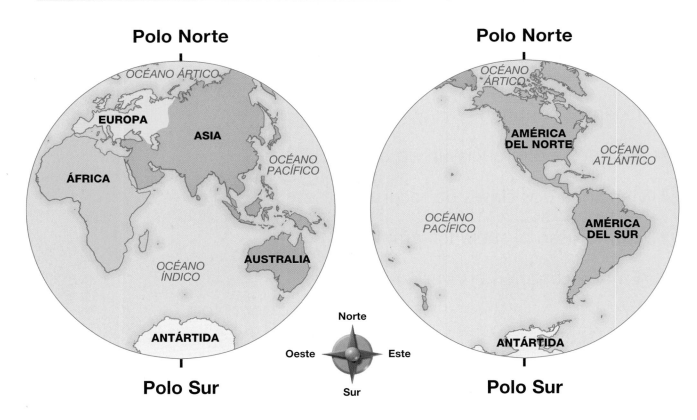

13 Si viajaras al sur desde América del Norte, ¿en qué continente estarías?

14 ¿Qué océano está al oeste de Australia?

15 ¿La Antártida está al norte o al sur de África?

16 ¿Qué océano está en el Polo Norte?

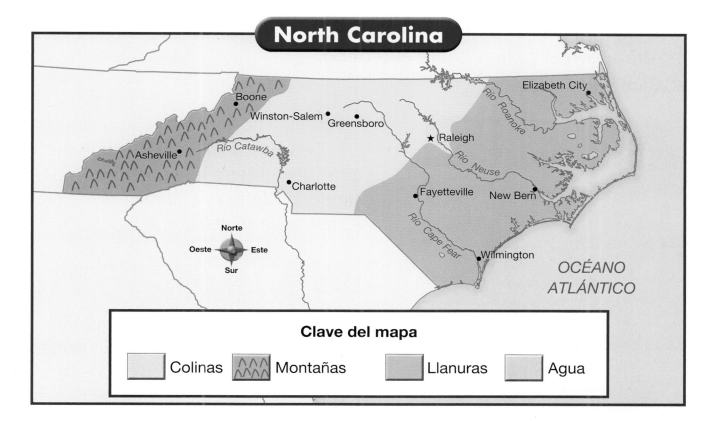

North Carolina

Elizabeth City
Boone
Winston-Salem • Greensboro
Río Catawba
Asheville •
★ Raleigh
Río Neuse
Charlotte
Fayetteville • New Bern
Río Roanoke
Río Cape Fear
Wilmington
OCÉANO ATLÁNTICO

Norte
Oeste — Este
Sur

Clave del mapa

Colinas   Montañas   Llanuras   Agua

17 Nombra el océano que está al este de North Carolina.

18 ¿Qué clase de terreno hay alrededor de Boone?

19 ¿Qué clase de terreno hay en el centro del estado?

20 Nombra una ciudad que esté en las llanuras.

Actividades de la unidad

APRENDE en línea

Visita The Learning Site en **www.harcourtschool.com/social studies/activities** donde encontrarás más actividades.

Completa el proyecto de la unidad

Trabaja con tu grupo para completar el proyecto de la unidad. Decidan qué mostrarán en el collage sobre el terreno, el agua y los recursos.

Terreno y agua

Dibuja o busca ilustraciones que muestren el terreno y el agua alrededor de tu comunidad. Agrégalas a tu collage.

Usa recursos

Dibuja o busca ilustraciones que muestren cómo se usan los siguientes recursos.
- suelo
- árboles
- petróleo y gas
- agua

Consulta la biblioteca

Compost! Growing Gardens from Your Garbage por Linda Glaser. Descubre cómo una familia recicla los restos de comida.

Me on the Map por Joan Sweeney. Una jovencita nos muestra dónde se halla ella en el mundo.

Haystack por Bonnie y Arthur Geisert. Descubre la importancia del heno en una granja.

Nosotros y todo lo que nos rodea

Maracas mexicanas

Nosotros y todo lo que nos rodea

" Todos cantamos con la misma voz **"** .

– J. Phillip Miller, Sheppard McGreene, *Sesame Street*, 1983

Presentación del contenido

Mientras lees, busca hechos sobre la cultura. Escribe los hechos que consigas. Después de leer, escribe una oración que diga la idea principal de esta unidad.

Hecho

Hecho

Idea principal

Hecho

función Papel que desempeña una persona en un grupo o una comunidad. (pág. 134)

necesidades Cosas que las personas deben tener para vivir. (pág. 138)

cultura Forma de vida de un grupo. (pág. 143)

celebración Momento de felicidad por algo. (pág. 154)

costumbre Forma en que un grupo hace algo. (pág. 160)

Las costumbres de los mohawk

de **Time for Kids**

Los niños de la escuela Akwesasne Freedom en Rooseveltown, New York, no hablan inglés en la clase. Hablan mohawk, el **lenguaje** de sus antepasados indígenas. Los niños del kindergarten al sexto grado aprenden todas las materias en mohawk. Los niños se sienten orgullosos cuando aprenden sobre su propia gente.

Los niños disfrutan de la música y el baile de los mohawk.

Los proyectos de arte también ayudan a los niños a aprender sobre su tribu. Esta niña construye una casa comunal de papel.

A E I O En On
T K S R H N W

Ista significa mamá

¿Cuántas hay?

El lenguaje mohawk tiene 13 letras. El inglés tiene 26 letras, o sea, el doble.

Piénsalo

1. ¿Por qué los niños de esta escuela aprenden en un lenguaje diferente?

2. Investiga sobre los amerindios de tu estado.

Lee un libro

Comienza el proyecto de la unidad

Un libro de las culturas del mundo Tu clase va a hacer un libro para mostrar algunas de las culturas de nuestro mundo. Al leer esta unidad, piensa en qué se parecen y en qué se diferencian las personas.

Usa la tecnología

Visita The Learning Site en **www.harcourtschool.com/ socialstudies** para obtener actividades adicionales, fuentes primarias y otros recursos para usar en esta unidad.

1

Idea principal
Las personas tienen diferentes funciones en grupos diferentes.

Vocabulario
función

Grupos de personas

Yo pertenezco a muchos grupos. Soy miembro de mi familia, de mi clase, de mi escuela y de otros grupos.

Cada persona del grupo tiene una **función**. Una función es el papel que desempeña una persona en un grupo al que él o ella pertenece.

Yo soy.

Soy una hija. Yo pongo la mesa para la cena.

Soy una estudiante de primer grado. Yo riego las plantas de nuestra clase.

Soy una portera de fútbol. Yo evito que el otro equipo anote.

Estoy en un club de arte. Yo me aseguro de que haya pinceles para todos.

LECCIÓN 1
Repaso

1 **Vocabulario** ¿Cuáles son tus **funciones** en la escuela?

2 ¿Cómo dependes de las demás personas en tus grupos?

3 Piensa en los grupos a los que perteneces. Haz una tabla que muestre tu función en cada uno.

Resolver un problema

Vocabulario

problema

solución

▶ Por qué es importante

A veces las personas tienen problemas. Un **problema** es algo difícil de comprender o hacer. Un problema necesita una **solución** o respuesta. Puedes trabajar en un grupo para resolver un problema.

▶ Qué necesitas saber

Sigue estos pasos cuando necesites resolver un problema.

Paso 1 Di el problema.

Paso 2 Piensa en algunas soluciones.

Paso 3 Habla de las soluciones. Elige la mejor.

Paso 4 Sigue tu plan para resolver el problema.

Paso 5 Habla sobre lo bien que se resolvió el problema.

▶ Practica la destreza

Hay dos computadoras en tu salón de clases y cuatro niños necesitan usarlas. Trabaja en un grupo para resolver este problema. Usa los pasos de la página 136.

▶ Aplica lo que aprendiste

¿Qué harías si perdieras algo que te prestaron? Escribe sobre los pasos que usarías para resolver el problema.

Familias unidas

Idea principal
Las personas
tienen necesidades
que satisfacen
de diferentes
maneras.

Vocabulario

necesidades

refugio

Todas las personas tienen necesidades. Las **necesidades** son cosas que las personas deben tener para vivir. Debemos tener alimento, ropa y **refugio**, o sea, un lugar para vivir. Los miembros de las familias se ayudan para satisfacer las necesidades de cada uno.

alimento

138

ropa

refugio

139

alimento

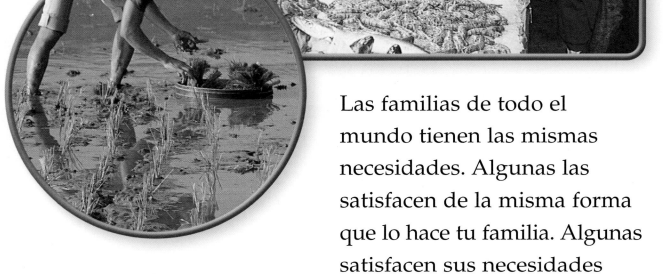

Las familias de todo el mundo tienen las mismas necesidades. Algunas las satisfacen de la misma forma que lo hace tu familia. Algunas satisfacen sus necesidades de diferentes formas.

ropa

refugio

DATOS BREVES

¡Imagínate tener un techo de paja! Estos techos son hechos de una hierba llamada caña. Una capa de caña de 12 pulg de grosor impermeabiliza el techo.

LECCIÓN 2
Repaso

❶ **Vocabulario** ¿Qué **necesidades** tienen las personas?

❷ ¿Cómo satisface sus necesidades tu familia?

❸ Dibuja cómo tu familia satisface sus necesidades de alimento, ropa y refugio.

3

Idea principal
Las personas de todo el mundo tienen culturas diferentes.

Vocabulario
cultura
religión

¿Qué es la cultura?

A mi tía Shelly le encanta viajar. Ella ha conocido a personas de culturas diferentes.

En Dinamarca la comida es deliciosa.

Una **cultura** es la forma de vida de un grupo.
Yo aprendí sobre las culturas ayudando a mi
tía Shelly a hacer este álbum.

Muñecas de Perú

A veces las personas
usan kimonos en Japón.

Esta niña inuit en Canadá
juega con una cuerda.

Las personas de diferentes grupos culturales
tienen diferentes **religiones** o creencias.

Pakistán

Israel

Gales

Tailandia

La tía Shelly aprendió a decir algunas cosas en diferentes lenguajes. Una de sus palabras favoritas es <u>amigo</u>. <u>Tomodachi</u> es amigo en japonés.

DIARIO DE VIAJES

LECCIÓN 3
Repaso

❶ **Vocabulario** ¿Qué tipo de cosas forman parte de la **cultura** de un grupo?

❷ ¿Por qué es importante el lenguaje?

❸ Recorta varias ilustraciones de una revista para hacer un cartel sobre la cultura.

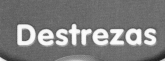

Punto de vista

LECTURA

▶ Por qué es importante

¿Cuál es tu color favorito? ¿Cuál es el color favorito de tu amigo? Quizás pienses que rojo es el mejor color. Tu amigo puede pensar que es el azul. No todos pensamos de la misma manera. Lo que tú piensas es tu **punto de vista**.

▶ Qué necesitas saber

Todos necesitamos comer, pero a las personas les gustan diferentes tipos de comida. Las familias italianas comen muchos tipos de pasta. Las familias chinas comen mucho arroz. Diferentes grupos culturales tienen diferentes puntos de vista sobre las comidas.

▶ Practica la destreza

1 Observa las fotos de los diferentes alimentos para el desayuno. ¿Cuál elegirías? ¿Por qué?

2 ¿Cuál es mejor, un desayuno caliente o uno frío? ¿Por qué?

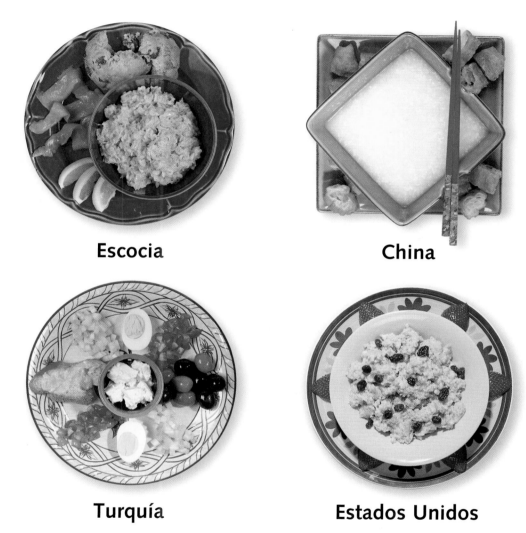

Escocia

China

Turquía

Estados Unidos

▶ Aplica lo que aprendiste

Habla con tus compañeros de clase sobre los alimentos que más te gustan para el almuerzo.

Expresar la cultura

La comida que comen las personas, la ropa que usan y el lenguaje que hablan muestran su cultura. La música, el baile y otras artes también forman parte de la cultura.

¿Qué muestran estas ilustraciones sobre una cultura?

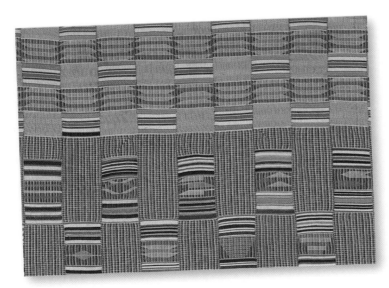

Tela kente de Ghana

Bailarina de Tailandia

Sitar de India

Máscara de Grecia

Cuadro de corteza
de Australia

Canasta pomo de
California

Los cuentos son parte de cada cultura. Una **fábula** es un cuento inventado que enseña una lección. "La liebre y la tortuga" es una fábula que aún se cuenta.

Traducción del libro publicado en 1894

La liebre y la tortuga

una fábula por Esopo

Liebre siempre se jactaba de que era el animal más rápido. Él se burlaba de Tortuga porque ella se movía muy despacio. Un día Tortuga le dijo: "Si corremos, yo te podría ganar. Vamos a correr hasta la vía principal y veamos quién gana".

Liebre se rió pero dijo que competiría. Él comenzó con una velocidad máxima y pronto dejó a Tortuga muy atrás. Liebre estaba tan segura de que ganaría la carrera que decidió tomar una siesta. "No necesito seguir corriendo. Puedo descansar y aún así ganarle a Tortuga" dijo ella.

Tortuga no se detuvo. Siguió sin parar. Cuando Liebre despertó, se dio cuenta de que se había equivocado. Tortuga había ganado la carrera.

Lección: El más veloz no siempre llega primero. Despacio y constante gana la carrera.

Colcha con un cuento
de Vietnam

Títere de Indonesia

Actividad

Haz títeres de papel de Tortuga y Liebre.
Luego úsalos para contar el cuento otra vez.

Investigación

Visita The Learning Site en
www.harcourtschool.com/primarysources
para investigar otras fuentes primarias.

Usar una escala del mapa

Vocabulario	
distancia	escala del mapa

▶ Por qué es importante

Un **mapa** muestra un lugar más pequeño de lo que realmente es, pero también puede mostrar la distancia real. La **distancia** es lo lejos que un lugar está de otro.

▶ Qué necesitas saber

Con la escala del mapa determinas la distancia entre lugares. La **escala del mapa**, al igual que una regla, se usa para medir la distancia.

▶ Practica la destreza

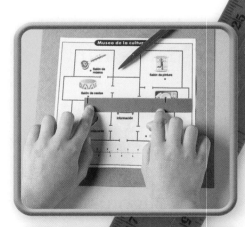

1 Pon una tira de papel de modo que su borde toque el • en el salón de cestas • y el • en el Restaurante. Marca dónde está cada •

2 Coloca el papel a lo largo de la escala del mapa. Una de las marcas debe estar en cero.

3 ¿Cuántas yardas hay entre los dos salones?

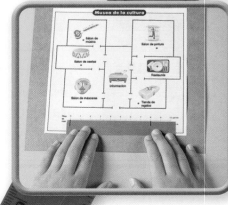

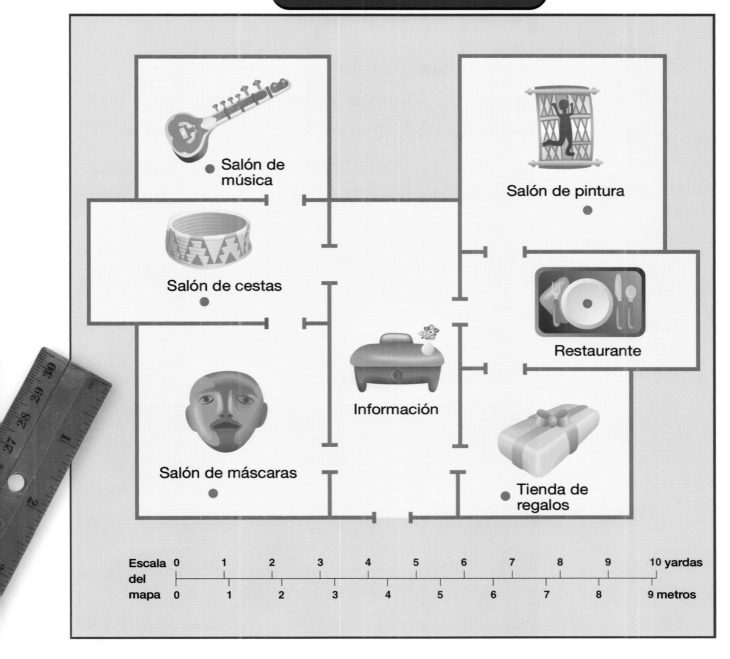

Museo de la cultura

Salón de música

Salón de pintura

Salón de cestas

Restaurante

Información

Salón de máscaras

Tienda de regalos

| Escala del mapa | 0 | 1 | 2 | 3 | 4 | 5 | 6 | 7 | 8 | 9 | 10 yardas |

| | 0 | 1 | 2 | 3 | 4 | 5 | 6 | 7 | 8 | 9 metros |

▶ Aplica lo que aprendiste

Haz un mapa de tu salón de clases. Muestra la
escala del mapa, los símbolos y las direcciones
norte, sur, este y oeste.

Practica tus destrezas con mapas y globos
terráqueos con el **CD ROM GeoSkills.**

153

Idea principal
Las personas celebran muchas fechas especiales.

Vocabulario
celebración
día festivo

¡A celebrar!

Las familias celebran muchas fechas especiales. Algunas **celebraciones** , como las fiestas de cumpleaños, solo las comparten las familias y los amigos. Otras celebraciones, como los desfiles, las comparten muchas personas en los **días festivos** . Un día festivo es un día para celebrar un evento.

Hanukkah

En algunos días festivos las personas celebran algo de su religión. Las familias comparten comidas y actividades especiales en estos días.

Navidad

Día de los reyes

Algunas celebraciones provienen de otros países. Cuando las personas se mudan a Estados Unidos, siguen celebrando los días festivos de su país. Esto los ayuda a recordar de dónde provienen. Sus celebraciones muestran su cultura.

Año Nuevo chino

Cinco de mayo

Kwanzaa

Kwanzaa es una fiesta, que dura una semana, en la que las familias afroamericanas celebran su cultura. Esta celebración es nueva, pero sus ideas provienen de creencias africanas muy antiguas. Durante Kwanzaa las familias recuerdan lo que es importante para ellas.

156

Festival Cherry Blossom

Juegos de Highland

Todas las personas son especiales.

LECCIÓN 4
Repaso

1. **Vocabulario** ¿Cómo nos enseñan las **celebraciones** sobre otros países?

2. ¿Cuáles son algunas cosas que tu familia hace para celebrar una fecha especial?

3. Haz una tarjeta para un día festivo o una celebración.

Usar un calendario

Vocabulario

calendario

▶ Por qué es importante

Un **calendario** se usa para medir el tiempo.

▶ Qué necesitas saber

Un calendario muestra los días, las semanas y los meses. Una semana tiene 7 días. Un año tiene 365 días en 52 semanas. También hay 12 meses en un año.

Enero						
D	L	M	M	J	V	S
			1	2	3	4
5	6	7	8	9	10	11
12	13	14	15	16	17	18
19	20	21	22	23	24	25
26	27	28	29	30	31	

Febrero						
D	L	M	M	J	V	S
						1
2	3	4	5	6	7	8
9	10	11	12	13	14	15
16	17	18	19	20	21	22
23	24	25	26	27	28	

Marzo						
D	L	M	M	J	V	S
						1
2	3	4	5	6	7	8
9	10	11	12	13	14	15
16	17	18	19	20	21	22
23	24	25	26	27	28	29
30	31					

Abril						
D	L	M	M	J	V	S
		1	2	3	4	5
6	7	8	9	10	11	12
13	14	15	16	17	18	19
20	21	22	23	24	25	26
27	28	29	30			

Mayo						
D	L	M	M	J	V	S
				1	2	3
4	5	6	7	8	9	10
11	12	13	14	15	16	17
18	19	20	21	22	23	24
25	26	27	28	29	30	31

Junio						
D	L	M	M	J	V	S
1	2	3	4	5	6	7
8	9	10	11	12	13	14
15	16	17	18	19	20	21
22	23	24	25	26	27	28
29	30					

Julio						
D	L	M	M	J	V	S
		1	2	3	4	5
6	7	8	9	10	11	12
13	14	15	16	17	18	19
20	21	22	23	24	25	26
27	28	29	30	31		

Agosto						
D	L	M	M	J	V	S
					1	2
3	4	5	6	7	8	9
10	11	12	13	14	15	16
17	18	19	20	21	22	23
24	25	26	27	28	29	30
31						

Septiembre						
D	L	M	M	J	V	S
	1	2	3	4	5	6
7	8	9	10	11	12	13
14	15	16	17	18	19	20
21	22	23	24	25	26	27
28	29	30				

Octubre						
D	L	M	M	J	V	S
			1	2	3	4
5	6	7	8	9	10	11
12	13	14	15	16	17	18
19	20	21	22	23	24	25
26	27	28	29	30	31	

Noviembre						
D	L	M	M	J	V	S
						1
2	3	4	5	6	7	8
9	10	11	12	13	14	15
16	17	18	19	20	21	22
23	24	25	26	27	28	29
30						

Diciembre						
D	L	M	M	J	V	S
	1	2	3	4	5	6
7	8	9	10	11	12	13
14	15	16	17	18	19	20
21	22	23	24	25	26	27
28	29	30	31			

▶ Practica la destreza

① Observa el calendario. ¿Cuántos días hay en diciembre?

② ¿Cuál sucede primero, Navidad o Hanukkah?

③ ¿Cuándo es la víspera del Año Nuevo?

Diciembre

Domingo	Lunes	Martes	Miércoles	Jueves	Viernes	Sábado
	1	2	3	4	5	6 Día de San Nicolás
7	8	9	10	11	12	13 Santa Lucía
14	15	16 Las Posadas	17	18	19 Hanukkah	20
21	22 Primer día de invierno	23	24	25 Navidad	26 Kwanzaa	27
28	29	30	31 Víspera de Año Nuevo			

▶ Aplica lo que aprendiste

Haz un calendario para el mes de tu cumpleaños. Investiga qué otros días especiales hay en ese mes. Marca esos días en tu calendario.

¡Somos americanos!

Idea principal
Los americanos comparten muchas costumbres.

Vocabulario
costumbre

Nuestras familias llegaron de todas partes del mundo a vivir en Estados Unidos. Compartimos **costumbres** americanas, o sea, formas de hacer las cosas. También compartimos las costumbres de otros países. Todos somos americanos.

① **Vocabulario**   ¿Qué es una **costumbre**?

② Piensa en una costumbre que tenga tu familia. ¿Por qué es importante?

③ Trabaja con un compañero para hacer una lista de costumbres de tu comunidad.

VISITA

Un Festival de · culturas ·

Prepárate

Los americanos provienen de muchos países y muchas culturas. Los visitantes a un festival pueden aprender sobre las costumbres de otras culturas. Pueden disfrutar bailes, música, comida, ropa y artesanías especiales.

Observa

En este festival, las personas usan ropa que muestra sus diferentes culturas.

162

La música es una parte importante de la cultura mexicana.

Una mujer sueca hace una muñeca con la mazorca.

Un hombre cocina plátanos, que son como bananas. Los plátanos son un alimento importante en la cultura de Nigeria.

Una mujer japonesa baila con abanicos. Los abanicos se han usado en Japón durante más de mil años.

Excursión

APRENDE en línea

UN PASEO VIRTUAL
Visita The Learning Site en www.harcourtschool.com/tours para recorrer virtualmente otras culturas.

UN PASEO AUDIOVISUAL
READING RAINBOW. Busca un vídeo sobre el tema en el Centro de Multimedia o en la biblioteca del salón de clases.

4 Repaso y preparación para la prueba

Resumen visual

Completa la tabla. Escribe en el rectángulo un hecho más que aprendiste. Escribe en el óvalo la idea principal de esta unidad.

Hecho Algunas personas usan kimonos en Japón.

Hecho Las personas hablan lenguajes diferentes.

Hecho

Idea principal

Piensa y escribe

Haz una nota Piensa cómo tu familia y las familias que conoces satisfacen sus necesidades. Haz una nota de las diferentes maneras.

Escribe un párrafo Describe las semejanzas y las diferencias en las maneras en que las familias satisfacen sus necesidades.

Escribe la palabra que completa cada oración.

función
(pág. 134)

1 Mi _____ en mi casa es la de ser un ayudante.

necesidades
(pág. 138)

2 Darse la mano es una _____ americana.

cultura
(pág. 143)

3 El alimento, la ropa y el refugio son _____.

celebración
(pág. 154)

4 Una fiesta de cumpleaños es una clase de _____.

costumbre
(pág. 160)

5 La _____ de un grupo se demuestra con su música, bailes y otras artes.

Recuerda los datos

6 ¿De qué maneras las personas comparten su cultura?

7 ¿Qué mide la escala del mapa?

8 ¿En qué se parecen todos los estadounidenses?

9 ¿Cuál de los siguientes es un día festivo afroamericano que dura una semana?

A Juegos de Highland

C festival Cherry Blossom

B Kwanzaa

D Año Nuevo Chino

10 ¿Cuál de los siguientes es el número de meses que tiene un año?

F 7

H 12

G 52

J 365

11 Tres niños quieren jugar un juego que sólo es para dos. ¿Cómo resolverías este problema?

12 ¿Por qué crees que las personas celebran los días festivos de otros países?

Aplica tus destrezas con tablas y gráficas

Octubre

domingo	lunes	martes	miércoles	jueves	viernes	sábado
			1 Día de puertas abiertas	2	3	4
5	6	7	8	9	10	11 Cumpleaños de Eleanor Roosevelt
12	13 Día de la Raza	14	15	16 Día del diccionario	17	18
19	20	21	22	23	24	25
26	27 Día de fotos	28	29	30	31 Festival de la cosecha	

13 ¿Cuántos días tiene este mes?

14 ¿Cuándo es el Día del diccionario?

15 ¿Qué ocurre el 27 de octubre?

16 ¿En qué día de la semana cae el Festival de la cosecha?

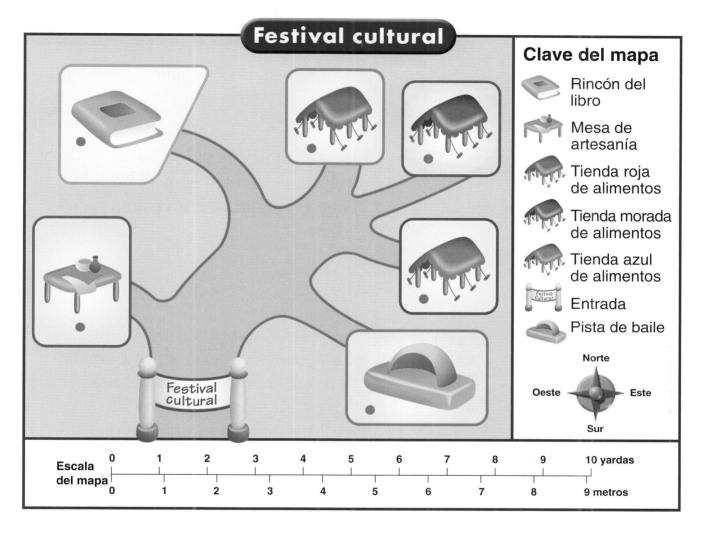

17 ¿Cuántas yardas hay desde el rincón del libro hasta la mesa de artesanía?

18 ¿Qué distancia hay desde la tienda morada de alimentos hasta la tienda azul de alimentos?

19 Desde la entrada, ¿en qué dirección queda la pista de baile?

20 ¿Qué hay al sur de la tienda azul de alimentos?

Actividades de la unidad

APRENDE **en línea**

Visita The Learning Site en **www.harcourtschool.com/social studies/activities** donde encontrarás más actividades.

Completa el proyecto de la unidad Trabaja con tu grupo para completar el proyecto de la unidad. Decidan cómo mostrarán a las personas y su cultura en tu libro. Haz la portada del libro.

Personas de nuestro mundo

Guten Tag! Yo vivo en Alemania.

Descubre

Mira ilustraciones de revistas y libros que muestren culturas diferentes. Elige una cultura e investiga más sobre ella.

Comparte una cultura

Haz un dibujo que muestre dos de las siguientes maneras en que las personas comparten la cultura. Agrega tu página al libro.
- alimentos, ropa y refugio
- lenguaje
- música y bailes
- arte
- celebraciones

Consulta la biblioteca

Madlenka por Peter Sis. Los vecinos comparten su cultura con Madlenka.

Something's Happening on Calabash Street por Judith Enderle y Stephanie Jacob Gordon. Las personas de la calle Calabash comparten comidas especiales.

Emeka's Gift: An African Counting Story por Ifeoma Onyefulu. Lee sobre la tribu Igala de Nigeria, África.

Miramos el pasado

5

Miramos el pasado

❝ Estudia el pasado para conocer el futuro **❞** .

– Proverbio chino

Presentación del contenido

Mientras lees, piensa en las cosas importantes que han sucedido en Estados Unidos. Al final de esta unidad, termina la tabla. Muestra lo que sucedió en el orden correcto.

Historia de Estados Unidos

Primero → Próximo → Último

cambiar Hacerse diferente. (pág. 175)

estación Una de las cuatro partes del año que tienen diferentes tipos de clima. (pág. 175)

historia El relato de lo que sucedió en el pasado. (pág. 178)

170

Nuestro país en el pasado y en el presente.

héroe Persona que ha hecho algo valiente o importante. (pág. 206)

tecnología Nuevos inventos que usamos en la vida diaria. (pág. 210)

Cuatro Generaciones

por Mary Ann Hoberman
ilustrado por Russ Wilson

A veces cuando salimos a caminar
yo escucho a mi padre hablar.

Lo que le gusta contarme más
es cómo eran las cosas tiempo atrás

Y cómo él con su papá salían a pasear
para conversar y hablar

De su papá y de lo que conversaban
mientras caminaban y caminaban.

Piénsalo

1 ¿Quiénes son las personas de este poema?

2 ¿De qué cosas hablas con tu familia?

Lee un libro

Comienza el proyecto de la unidad

Una colcha sobre la historia de tu comunidad Tu clase hará una colcha que muestre la historia de tu comunidad. Mientras lees esta unidad, piensa en las historias que se cuentan sobre cambios en las personas y los lugares. Busca nuevas maneras en que las personas aprenden a hacer las cosas.

Usa la tecnología

APRENDE en línea

Visita The Learning Site en **www.harcourtschool.com/ socialstudies** para obtener actividades adicionales, fuentes primarias y otros recursos para usar en esta unidad.

El tiempo y el cambio

Idea principal
Las cosas cambian todo el tiempo.

Puedes hablar sobre el tiempo de muchas maneras. **Ayer** me compré una camisa. **Hoy** aprendemos sobre el tiempo en la escuela. **Mañana** iré a jugar bolos.

Vocabulario

ayer
hoy
mañana
cambio
estación

hoy

ayer

mañana

174

Las cosas cambian con el tiempo. **Cambiar** es hacerse diferente. Vemos cómo cambian las cosas en la primavera, el verano, el otoño y el invierno. Cada una de estas veces se llama **estación**.

primavera

verano

otoño

invierno

LECCIÓN 1
Repaso

1. **Vocabulario** ¿Cuáles son las cuatro **estaciones**?

2. ¿Cuáles son algunas de las cosas que han cambiado desde el comienzo del año escolar?

3. Lista algunas cosas que hiciste ayer y hoy. Luego, lista cosas que te gustaría hacer mañana.

Usar una línea cronológica

Vocabulario

línea cronológica

▶ Por qué es importante

Necesitamos maneras de mostrar cómo cambian las cosas con el tiempo.

▶ Qué necesitas saber

Una **línea cronológica** muestra cuándo suceden las cosas y en qué orden. Una línea cronológica puede mostrar días, semanas, años o más. Una línea cronológica se lee de izquierda a derecha. Las cosas de la izquierda sucedieron primero.

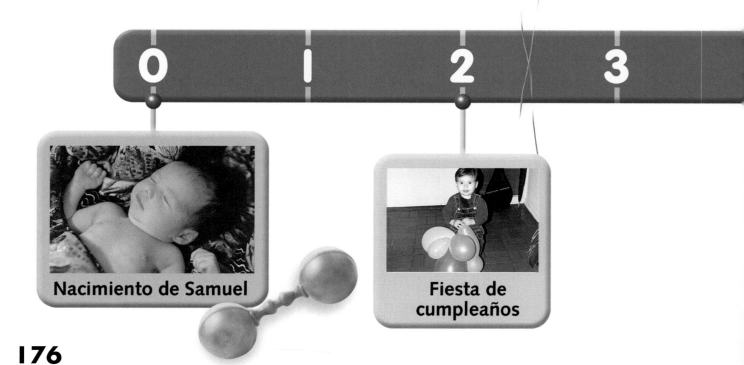

0   1   2   3

Nacimiento de Samuel

Fiesta de cumpleaños

▶ Practica la destreza

1 Observa la línea cronológica de Samuel. ¿Cuándo golpeó Samuel su primera pelota?

2 ¿Qué sucedió de último en la línea cronológica?

3 ¿Qué sucedió cuando Samuel tenía dos años?

▶ Aplica lo que aprendiste

Haz una línea cronológica de tu día escolar.

Primera vez que golpea una pelota

Primer día escolar

Vacación familiar

4 5 6

Investigar una historia familiar

Cada familia tiene su propia historia. La **historia** está formada por cuentos que dicen las personas sobre lo que ha sucedido.

Las fotografías del abuelo de Ryan muestran nuestra historia familiar. Él me cuenta sobre las fotos.

"Cuando me casé con tu abuela, la mayoría de las fotos eran en blanco y negro.

Celebramos el primer cumpleaños de tu mamá con una fiesta.

Nos sentimos orgullosos cuando tu mamá terminó la secundaria.

Tu mamá y tu papá se conocieron en la universidad. Se casaron al terminar la universidad.

Ésta es tu primera fotografía".

La abuela Bridgette vino a Estados Unidos
desde Alemania cuando era joven. A ella le
gusta mostrarme las cosas que trajo y me
cuenta algo de cada una.

"Este reloj ha estado en mi familia durante muchos años. Lo hizo mi tatarabuelo. Algún día te pertenecerá".

Los relojes

Las personas han usado diferentes métodos para llevar un registro del tiempo. Los primeros pobladores decían la hora de acuerdo con la posición del sol, la luna o las estrellas en el cielo. Algunas personas usaron un reloj de arena. Esta herramienta se llena con arena. La arena tarda justamente una hora en caer de la parte superior a la inferior.

LECCIÓN 2
Repaso

① **Vocabulario** ¿Qué es una **historia** familiar?

② ¿Por qué crees que las personas vuelven a contar las historias familiares?

③ Entrevista a un compañero de clases para aprender sobre su historia familiar favorita.

Usar un diagrama

Vocabulario

diagrama

▶ Por qué es importante

Una manera de mostrar una historia familiar es con un diagrama. Un **diagrama** es un dibujo que muestra partes de algo.

▶ Qué necesitas saber

Este diagrama se llama un árbol genealógico y muestra las partes de una familia. Lees el diagrama comenzando por la parte inferior. A medida que subes, más te remontas a una época antigua en la historia de una familia.

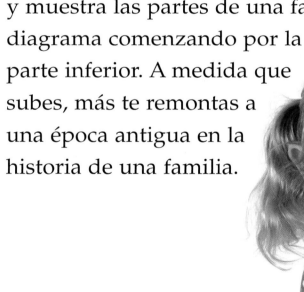

Practica la destreza

1. Observa el diagrama del árbol genealógico. ¿Dónde puedes hallar a los más jóvenes?

2. ¿Quiénes son las personas en la hilera superior del árbol?

3. ¿Quiénes son los padres de mi papá?

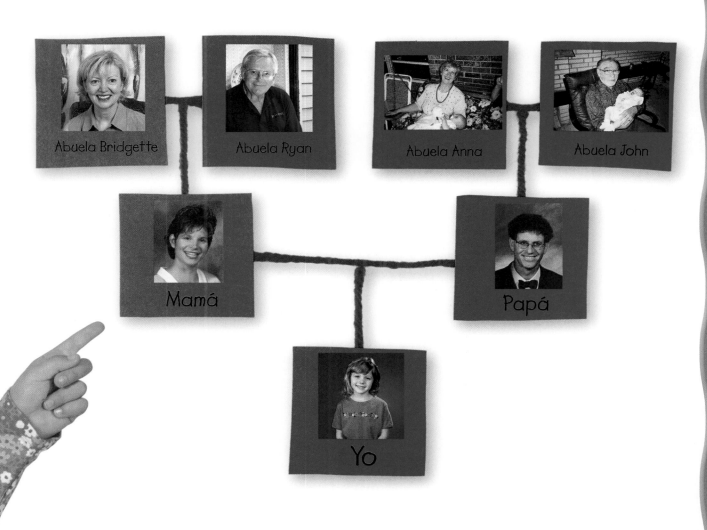

Abuela Bridgette

Abuela Ryan

Abuela Anna

Abuela John

Mamá

Papá

Yo

Aplica lo que aprendiste

Haz un árbol genealógico de tu familia u otra familia que conozcas.

Historia de una comunidad

Cada comunidad y estado ha cambiado. Cada lugar tiene su propia historia.

Ésta es Wilmington, North Carolina, en el **pasado** o el tiempo antes que el presente.

185

Ésta es Wilmington en el **presente** o ahora.
Hay más casas y tiendas nuevas.

Wilmington seguirá cambiando en el **futuro**
o en la época por venir.

Los líderes fundan comunidades
y ayudan a cambiarlas.

Pennsylvania

William Penn fundó lo que
ahora es Pennsylvania. Él
quería que las personas
tuvieran un lugar donde
pudieran seguir su propia
religión.

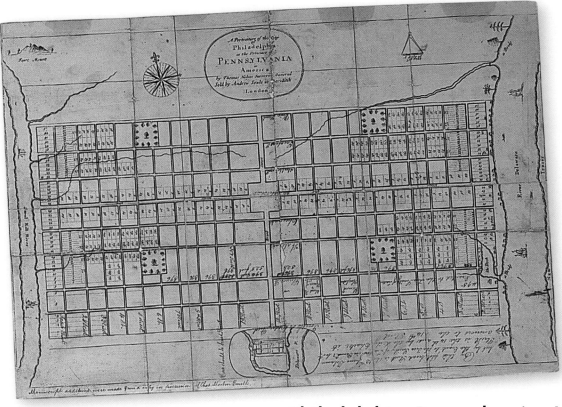

Philadelphia, Pennsylvania, 1683

James Oglethorpe quería un lugar donde las personas pudieran comenzar de nuevo. Él y otros de Inglaterra iniciaron Savannah, Georgia.

Georgia

Stephen Austin llevó a los estadounidenses a vivir en Texas. Muchos estadounidenses que vivían en el este buscaban nuevas tierras más al oeste.

Texas

LECCIÓN 3
Repaso

1. **Vocabulario** ¿Cómo puedes aprender del **pasado**?

2. ¿Cómo ha cambiado Wilmington del pasado al presente?

3. Escribe un párrafo sobre algo que haya cambiado en tu comunidad.

Identificar causa y efecto

▶ Por qué es importante

A veces, necesitamos explicar por qué sucede algo. Esto nos ayuda a comprender el pasado. También nos ayuda a predecir lo que sucederá en el futuro.

▶ Qué necesitas saber

Una **causa** es lo que hace que algo suceda. Un **efecto** es lo que sucede debido a una causa.

causa

▶ Practica la destreza

1 Observa las dos ilustraciones. ¿Qué sucede primero?

2 ¿El efecto sucede antes o después de la causa?

3 ¿Cuál es el efecto?

efecto

▶ Aplica lo que aprendiste

Las personas construyen casas, escuelas y tiendas en las comunidades. ¿Cuáles podrían ser las causas de esto? ¿Cuáles podrían ser los efectos sobre las personas que viven allí?

Los primeros habitantes de América

Nez percés

Mandan

Pomo

Hopi

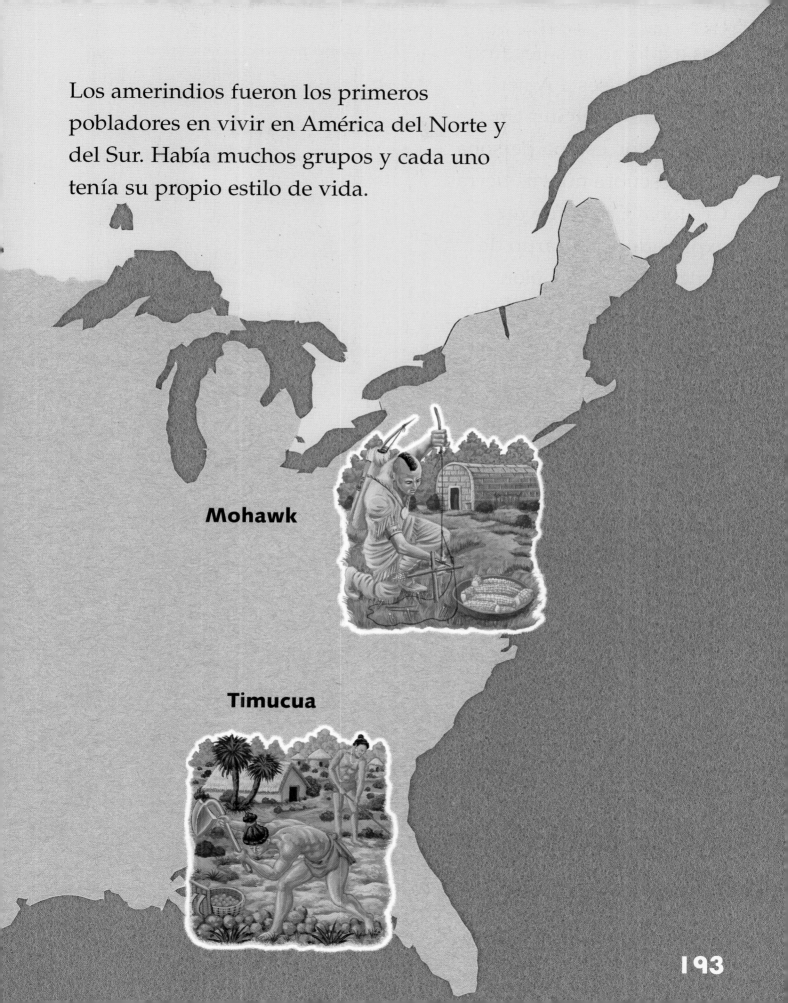

Los amerindios fueron los primeros
pobladores en vivir en América del Norte y
del Sur. Había muchos grupos y cada uno
tenía su propio estilo de vida.

Mohawk

Timucua

Los exploradores llegaron de otros países a América del Norte y del Sur. Un **explorador** es una persona que descubre nuevas tierras. Cristóbal Colón fue un explorador que zarpó de España en 1492. Colón buscaba una nueva a ruta Asia.

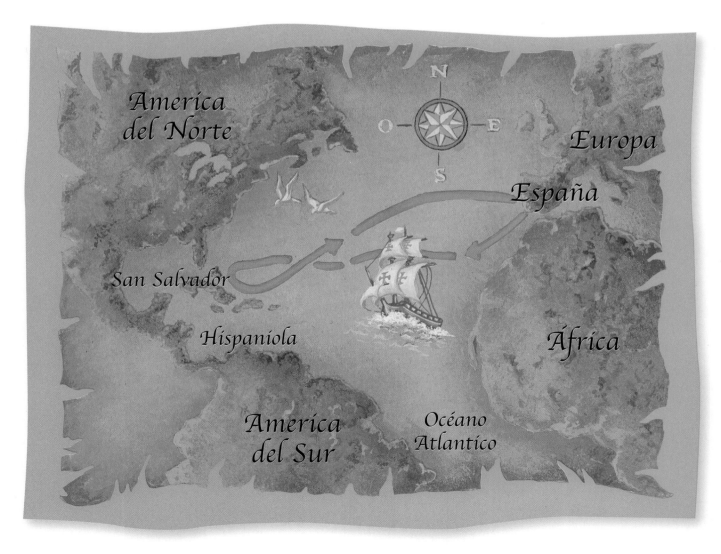

Colón y su tripulación navegaron durante muchos días. Finalmente, llegaron a la playa de una isla en América del Norte. Conocieron a los taínos que vivían allí.

Cuando Colón regresó a España, contó a las personas sobre las islas que había hallado. Pronto, otras personas cruzaron el océano para explorar América del Norte y del Sur.

LECCIÓN 4
Repaso

1. **Vocabulario** ¿Qué **explorador** llegó a América del Norte en 1492?

2. ¿Por qué crees que los exploradores quieren investigar sobre nuevas tierras?

3. Lee sobre uno de los primeros grupos amerindios. Escribe un reporte corto que diga cómo vivían.

5

La historia de nuestro país

Idea principal
La historia de nuestro país está formada de muchas personas y las cosas que hicieron.

Vocabulario
colonizador
libertad

Hace mucho tiempo, personas de muy lejos comenzaron a mudarse a América del Norte. Un grupo fue los peregrinos. Ellos eran **colonizadores** o personas que querían hacer un hogar en un lugar nuevo. Los peregrinos zarparon de Inglaterra en un barco llamado Mayflower.

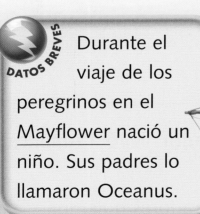

DATOS BREVES

Durante el viaje de los peregrinos en el Mayflower nació un niño. Sus padres lo llamaron Oceanus.

Muchos indios vivían en América del Norte. Los wampanoag eran los indios que vivían donde llegaron los peregrinos. Un hombre wampanoag llamado Squanto vivía con los peregrinos y los enseñó a sembrar maíz.

Los peregrinos agradecían una buena cosecha y celebraban con un gran festín. Algunos wampanoag iban a esta celebración. Actualmente, recordamos este festín con una celebración llamada Día de Acción de Gracias.

Más colonizadores llegaron a América del Norte. Allí la tierra le pertenecía a Inglaterra y el pueblo tenía que seguir las leyes de Inglaterra. Ellos pensaban que algunas de las leyes eran injustas.

El 4 de julio de 1776, los líderes estadounidenses firmaron la Declaración de la Independencia. Ésta le decía al rey de Inglaterra que los estadounidenses querían ser libres.

Los estadounidenses libraron una guerra por la **libertad** o el derecho de tomar decisiones. Actualmente celebramos nuestra libertad con desfiles, picnics y fuegos artificiales. Este día festivo se llama Día de la Independencia. Es el cumpleaños de nuestro país.

¡Deja que repique la libertad!

**LECCIÓN 5
Repaso**

1. **Vocabulario** ¿Quiénes son los **colonizadores**?

2. Describe las razones por las que celebramos el Día de Acción de Gracias y el Día de la Independencia.

3. Haz dibujos para mostrar cómo celebran estos días festivos las personas.

Celebrar la historia

Idea principal
Celebramos los días festivos para recordar nuestra historia.

Vocabulario
veterano
paz

El Día de Acción de Gracias y el Día de la Independencia son días festivos estadounidenses importantes. En otros días festivos también celebramos nuestra historia.

El Día del Dr. Martin Luther King, Jr., honramos a un hombre que luchcó por la justicia de todos los americanos. Él dio discursos en los que pedía la igualdad de derechos para todos.

El Día de los Presidentes comenzó como el cumpleaños de Washington. Era un día festivo para recordar a nuestro primer presidente. Ahora, es el día para recordar el trabajo de todos nuestros presidentes.

Abraham Lincoln 1809–1865
Rasgo de personalidad: Autodisciplina

La familia de Abraham Lincoln era pobre. Él no pudo asistir a la escuela así que estudió en la casa. Se convirtió en un abogado y más tarde en Presidente de Estados Unidos.

APRENDE en línea

BIOGRAFÍAS EN MULTIMEDIA
Visita The Learning Site en **www.harcourtschool.com/biographies** para conocer otros personajes famosos.

En el Día de los Caídos recordamos a las personas que murieron en guerras por nuestro país.

Estamos orgullosos de la bandera de nuestro país. En el Día de la Bandera, las personas despliegan las banderas en sus casas.

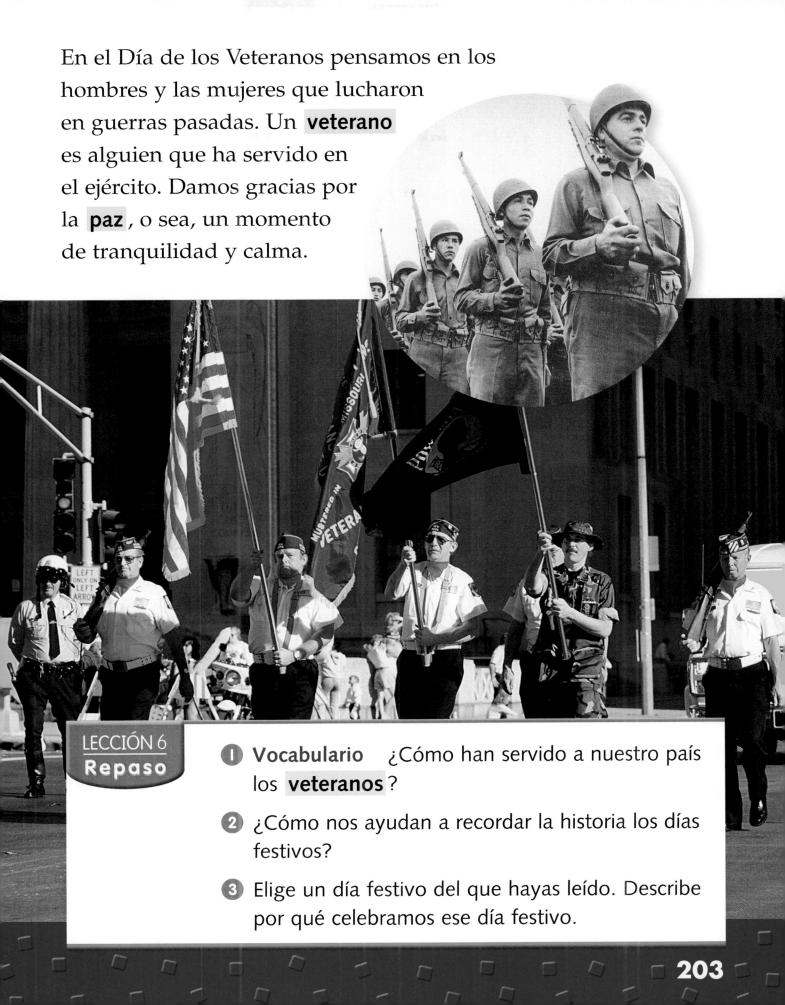

En el Día de los Veteranos pensamos en los hombres y las mujeres que lucharon en guerras pasadas. Un **veterano** es alguien que ha servido en el ejército. Damos gracias por la **paz**, o sea, un momento de tranquilidad y calma.

LECCIÓN 6
Repaso

❶ **Vocabulario** ¿Cómo han servido a nuestro país los **veteranos**?

❷ ¿Cómo nos ayudan a recordar la historia los días festivos?

❸ Elige un día festivo del que hayas leído. Describe por qué celebramos ese día festivo.

Seguir una ruta en un mapa

Vocabulario
ruta

▶ Por qué es importante

Las rutas en un mapa nos muestran cómo ir de un lugar a otro.

▶ Qué necesitas saber

Piensa en los conductores de autobuses escolares que recogen a los niños para ir a la escuela. Ellos siguen una ruta. Una **ruta** es un camino que lleva de un lugar a otro.

▶ Practica la destreza

❶ Observa el mapa de la ruta del desfile. ¿Cómo se muestra la ruta del desfile?

❷ ¿Dónde comenzará el desfile?

❸ ¿En qué dirección irá el desfile en la Tercera Avenida?

❹ ¿Por dónde pasará en la Calle Pine?

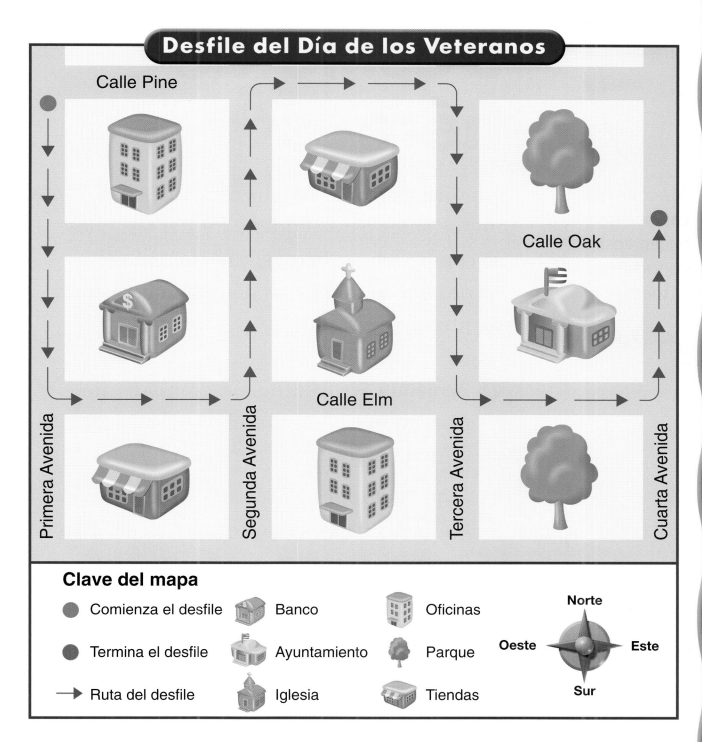

Desfile del Día de los Veteranos

Calle Pine

Calle Oak

Primera Avenida

Segunda Avenida

Calle Elm

Tercera Avenida

Cuarta Avenida

Clave del mapa

- Comienza el desfile
- Termina el desfile
- → Ruta del desfile
- Banco
- Ayuntamiento
- Iglesia
- Oficinas
- Parque
- Tiendas

Norte
Oeste • Este
Sur

▶ Aplica lo que aprendiste

Haz un mapa de tu comunidad. Muestra la ruta
que sigues de la casa a la escuela.

Practica tus destrezas con mapas y globos
terráqueos con el **CD ROM Geoskills.**

Desfile de héroes

Idea principal
Las personas que hacen cosas importantes son héroes.

Vocabulario

héroe

Algunas personas hacen cosas valerosas o importantes para ayudar a los demás. Ellos se convierten en **héroes** que queremos recordar. Lee sobre esos héroes de la historia de nuestro país.

❶ **Benjamin Franklin** fue un gran líder de nuestro país. Ayudó a escribir las reglas que seguimos actualmente en nuestro país.

❷ **John Paul Jones** fue un marino que luchó por la libertad de nuestro país. Sus barcos lucharon contra barcos más grandes y ganaron en una importante batalla.

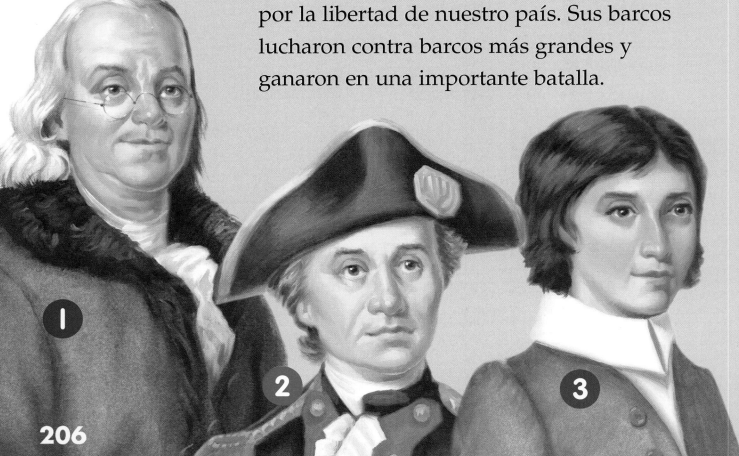

3 **Molly Pitcher** también luchó por la libertad. Ella daba agua a los soldados sedientos. También ayudaba a los soldados a disparar los cañones.

4 **Phillis Wheatley** escribía poesía. Uno de sus poemas es sobre George Washington. Ella creía que él era un gran líder.

5 **Sequoyah** fue un indio cheroquee. Él quería que su pueblo fuera capaz de leer y escribir su lenguaje. Inventó un alfabeto para que ellos lo usaran.

6 **Jane Addams** fundó un centro comunitario llamado Hull-House en Chicago. Allí, las personas que llegaban de otros países podían aprender inglés y habilidades laborales.

7 **Ida B. Wells** escribió sobre las maneras en que se trataban injustamente a los afroamericanos. Ella quería que las personas conocieran la verdad para que cambiaran las cosas.

8 **George Washington Carver** enseñó a los agricultores que sembrar cacahuate mejoraría su tierra. También descubrió muchos usos para los cacahuates.

9 **Orville and Wilbur Wright** eran hermanos interesados en volar. Trabajaron juntos para hacer y volar uno de los primeros aviones.

10 **Sandra Day O'Connor** es una jueza que trabaja para el gobierno. Su trabajo es decidir si las leyes son justas.

11 **Roberto Clemente** fue un jugador de béisbol. Él recolectaba alimentos y medicinas para dárselas a las personas que los necesitaban.

1 **Vocabulario** ¿Por qué son **héroes** algunas personas?

2 ¿Qué otros héroes conoces?

3 Compara a dos personas de esta lección. Di en qué se parecen y en qué se diferencian las cosas que hicieron estos héroes.

8

La vida diaria, el pasado y el presente

Idea principal
La tecnología ha cambiado muchas maneras de hacer las cosas.

Vocabulario

tecnología
transporte
comunicación
recreación

Tú usas la tecnología cuando usas ropa limpia, vas a la escuela, juegas un juego de vídeos o hablas por teléfono. La tecnología son todos los inventos útiles que usamos. La **tecnología** siempre cambia.

Herramientas caseras

Las personas siempre hacen herramientas nuevas para facilitar las tareas diarias.

Thomas Alva Edison 1847–1931
Rasgo de personalidad: Creatividad

Thomas Edison quería un tipo de luz mejor que las velas y las lámparas de gas. Él hizo un foco eléctrico. Al principio, solo unos cuantos hogares tenían esta nueva tecnología. Ahora las personas de todo el mundo usan luz eléctrica.

APRENDE
en línea

BIOGRAFÍAS EN MULTIMEDIA
Visita The Learning Site en **www.harcourtschool.com/biographies** para conocer otros personajes famosos.

Transporte

El **transporte** son maneras de llevar a las personas y las cosas de un lugar a otro. Las personas usan el transporte en tierra, agua y aire.

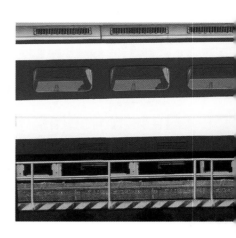

Actualmente los aviones llevan muchos pasajeros.

Las bicicletas han cambiado enormemente con el tiempo.

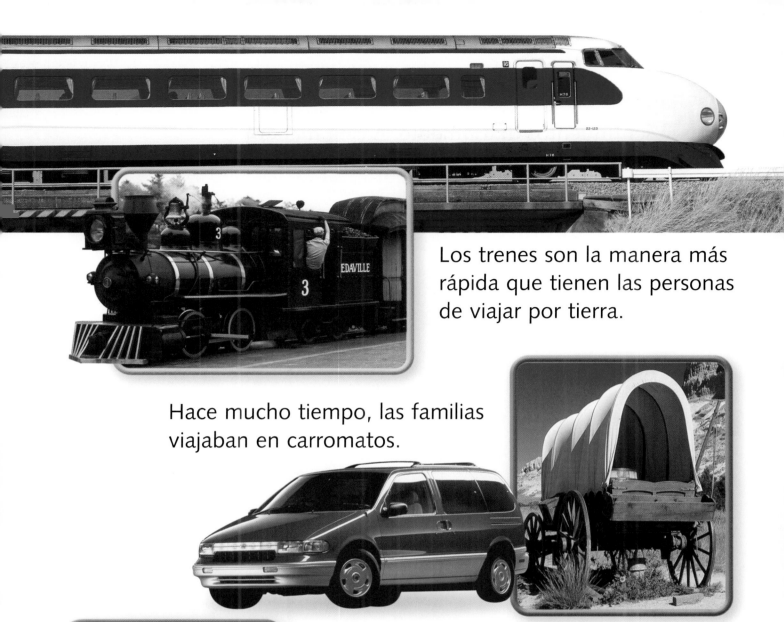

Los trenes son la manera más rápida que tienen las personas de viajar por tierra.

Hace mucho tiempo, las familias viajaban en carromatos.

Los primeros exploradores viajaban en barco para descubrir lugares nuevos.

Comunicación

Las personas hablan o escriben para compartir ideas y sentimientos diariamente. A esta manera de compartir se le llama **comunicación**.

La comunicación a través de la historia

Escritura ilustrada egipcia

Antiguo libro escrito a mano

Libro impreso

Pony Express

Servicio postal de Estados Unidos

Máquina de fax

Estereoscopio

Televisión

Satélite

Recreación

A las personas les gusta relajarse en su tiempo libre. La **recreación** es cualquier cosa que hacen las personas para divertirse.

DATOS BREVES Hace mucho tiempo, las personas observaban obras en grandes teatros al aire libre. Estos teatros se hicieron para que las personas en las hileras superiores pudieran oír a los actores.

LECCIÓN 8 Repaso

1. **Vocabulario** ¿Cómo usas la **tecnología** en la escuela?

2. Describe cómo ha cambiado la tecnología, el transporte, la comunicación y la recreación.

3. Haz un cartel. Muestra más herramientas caseras que han cambiado la forma en que las familias hacen sus labores.

El teléfono

Gracias al teléfono nos podemos comunicar fácilmente con otras personas. Alexander Graham Bell inventó el teléfono. La primera llamada telefónica fue hecha por Bell a su asistente, quien estaba en otro cuarto. Hoy en día, podemos usar el teléfono para hablar con las personas alrededor del mundo.

1 ¿Cómo crees que se usaban estos primeros teléfonos?

2 ¿Cómo ha cambiado el teléfono?

Actividad

Elige otro instrumento de comunicación, como por ejemplo, la radio. Busca información sobre cómo ha cambiado con el tiempo.

Investigación

APRENDE
en
línea

Visita The Learning Site en
www.harcourtschool.com/primarysources
para investigar otras fuentes primarias.

La aldea de Old Sturbridge

Prepárate

La aldea de Old Sturbridge es un buen lugar para aprender sobre el pasado. Los actores se visten como las personas que vivieron alí hace más de doscientos años. Hacen los trabajos que hacía la gente para que los visitantes puedan ver cómo era la vida en ese entonces.

Observa

1 Los herreros moldean el metal caliente con martillos para fabricar y reparar herramientas.

2 Los niños juegan un juego llamado rounders en el campo. Este juego se parece al béisbol.

3 Los niños ayudan a su mamá con los quehaceres hogareños como, por ejemplo, coser.

4 Los zapateros usan clavijas de madera o hilo para colocarles suela a los zapatos.

Excursión

APRENDE en línea

UN PASEO VIRTUAL
Visita The Learning Site en
www.harcourtschool.com/tours
para recorrer virtualmente otros
lugares históricos.

READING RAINBOW

UN PASEO AUDIOVISUAL
Busca un vídeo
sobre el tema en el Centro
de Multimedia o en la biblioteca del
salón de clases.

Resumen visual

Coloca los siguientes eventos en el orden correcto en la tabla.

• Los exploradores llegaron a América del Norte.

• Los peregrinos se trasladaron a América del Norte.

• Los indígenas vivían en América del Norte y América del Sur.

Historia de las Américas

Primero	Próximo	Último

Piensa  y escribe

Haz un dibujo Piensa sobre un cambio que haya ocurrido en tu familia. Haz un dibujo de ese cambio.

Escribe una carta Escribe una carta a un amigo o una amiga o a un miembro de tu familia. Habla sobre el cambio que dibujaste.

Da otro ejemplo que explique cada palabra.

	Palabra	Ejemplos	
❶	cambiar (pág. 175)	Un nuevo maestro en la escuela	
❷	estación (pág. 175)	verano	
❸	historia (pág. 178)	Los peregrinos dan las gracias	
❹	héroe (pág. 206)	Abraham Lincoln	
	tecnología (pág. 210)	luz eléctrica	

Recuerda los datos

❻ ¿Qué clase de cambios ocurren con las estaciones del año

❼ ¿En qué año zarpó para las Américas Cristóbal Colón?

❽ ¿Por qué lucharon los americanos para quedar libres de Inglaterra?

❾ ¿Cuál día festivo celebra el cumpleaños de nuestra nación?

    A el Día de los Presidentes   **C** el Día de la Bandera

    B el Día de los Caídos   **D** el Día de la Independencia

❿ ¿Para cuál de los siguientes se usa una bicicleta?

    F información   **H** comunicación

    G transporte   **J** historia

11 ¿En qué se parece nuestro actual Día de Acción de Gracias al Día de Acción de Gracias de los peregrinos? ¿En qué se diferencian?

12 ¿De qué manera sería diferente tu vida si no hubiera teléfonos?

Aplica tus destrezas con tablas y gráficas

13 ¿Cuánto tiempo se muestra en esta línea cronológica?

14 ¿En qué mes nació Theodore Roosevelt?

15 ¿Cuáles son los dos presidentes que nacieron en el mismo mes?

16 George W. Bush nació en julio. ¿Pondrías su cumpleaños antes o después del de Thomas Jefferson?

| JAN | FEB | MAR | APR | MAY | JUN | JUL | AUG | SEP | OCT | NOV | DEC |

cumpleaños de Abraham Lincoln

cumpleaños de George Washington

cumpleaños de Thomas Jefferson

cumpleaños de Theodore Roosevelt

17 ¿En cuál ruta del autobús se halla la municipalidad?

18 ¿Cuál ruta pasa por la avenida Fifth?

19 ¿Pasa la ruta 2 por la parte oeste o la parte este de la ciudad?

20 ¿Cuál ruta podrías tomar para ir desde la avenida Third hasta el museo?

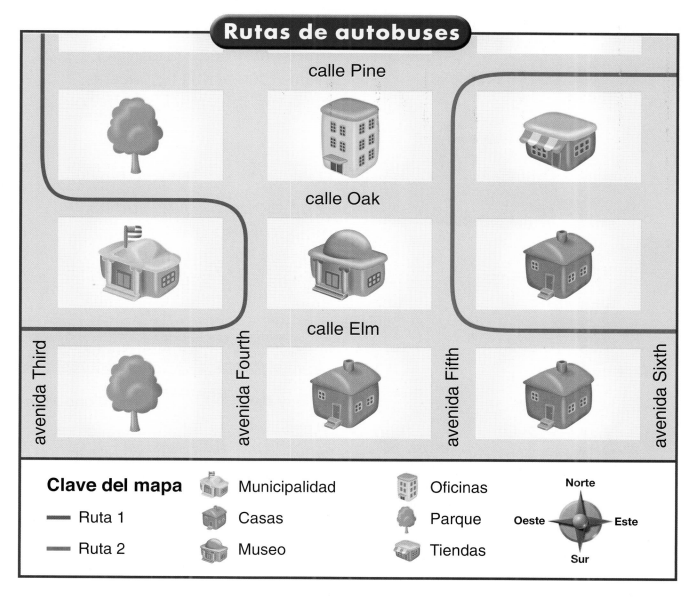

Rutas de autobuses

calle Pine

calle Oak

calle Elm

avenida Third

avenida Fourth

avenida Fifth

avenida Sixth

Clave del mapa

— Ruta 1

— Ruta 2

Municipalidad

Casas

Museo

Oficinas

Parque

Tiendas

Norte

Oeste · Este

Sur

223

Actividades de la unidad

APRENDE en línea

Visita The Learning Site en **www.harcourtschool.com/social studies/activities** donde encontrarás más actividades.

Completa el proyecto de la unidad Trabaja con tu grupo para completar el proyecto de la unidad. Decidan cómo mostrarán la historia de tu comunidad en tu colcha.

Colcha de la historia

Nuestro nuevo par que

Nuestra comunidad tiene un aeropuerto nuevo.

Calle Franklin

La calle First es ahora la calle Franklin

Entrevista a un miembro de tu familia

Escribe algunas preguntas que quieras hacerle a un miembro de tu familia acerca de la historia de tu comunidad. Luego entrevista a ese familiar. Escribe sus respuestas. Agrega esa información a tu colcha.

Muestra los cambios

Haz un dibujo de algo que ha cambiado en tu comunidad.
- edificios
- caminos
- lugares

Consulta la biblioteca

This Is the Turkey por Abby Levine. Max y su familia preparan una cena de Acción de Gracias para la familia y amigos.

On the Day the Tall Ships Sailed por Betty y Michael Paraskevas. Un águila calva vuela sobre la ciudad de Nueva York durante una celebración del Día de la Independencia.

The Piano Man por Debbie Chocolate. Una nieta narra las historias de su abuelo cuando él tocaba el piano para películas mudas.

Trabajos que hacen las personas

Baúl de herramientas
de juguete, 1910

Trabajos que hacen las personas

" No hay sustituto para el trabajo arduo **"**.

– Thomas Edison, *Life*, 1932

Presentación del contenido

Mientras lees, busca ideas principales y detalles sobre los trabajos que hacen las personas. Agrega lo que aprendas a la tabla. Al final de esta unidad, escribe una oración para resumir o decir en pocas palabras sobre lo que trata la unidad.

Idea principal	Idea principal

Oración de resumen

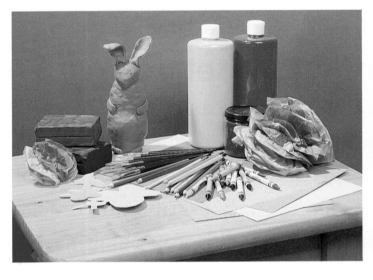

bienes Cosas que se pueden comprar y vender. (pág. 240)

servicios Trabajo hecho para otros por dinero. (pág. 242)

226

Gana y gasta.

fábrica Edificio en el que las personas usan máquinas para hacer bienes. (pág. 244)

mercado Lugar donde las personas compran y venden bienes. (pág. 258)

intercambiar Cambiar una cosa por otra. (pág. 268)

Hora de la congestión

por Christine Loomis
ilustrado por Mari Takabayashi

Averigua en qué trabajan las
personas de esta ciudad ajetreada.

Suenan los despertadores,
nace un nuevo día
y con muchos bostezos
se despiertan los dormilones.

Las regaderas salpican,
los dientes nos
cepillamos, el
cabello lo peinamos
y el desayuno con
apuro tomamos.

Salen de sus casas,
los padres y
madres, cargando
herramientas o
libros y libretas.

Algunos van solos
y otros con coches,
caminantes, corredores,
lectores, patinadores.

Corriendo, saltando, hacia los
trenes, metros, autobuses,
botes y aviones, taxis,
bicicletas,

compartiendo camionetas,
carros azules, rojos y tostados,
con motores que al prender roncan
apresurada va la gente a trabajar.

Las cornetas y los silbatos suenan,
los camiones van lentos y los
aviones vuelan.
Los tranvías vibran, los botes
se tambalean
y las agujas del reloj la hora
nos enseñan.

Carros en las calles,
trenes en los rieles,
zumbando,
ronroneando,
chasqueando.

Retumbando,
atormentando,
meneándose,
saltando.

Cruce a la izquierda,
cruce a la derecha,
retrocediendo
y chocando.

Por túneles,
en autopistas,
por puentes,
caminos y desvíos,
por ríos
y en el aire
¡la gente se apresura
con donaire!

En un pestañear de ojos,
todos desaparecen.
Trenes y túneles
vacíos, sin gente.
Silencio en las calles,
no hay muchedumbres.

233

Las personas comenzaron sus trabajos.

234

235

Cuando se acaba el día,
cada trabajo termina.
Los trabajadores dicen
adiós a todos sus amigos.

Luego se apresuran
a tomar el tren,
el metro, el autobús,
los botes y los aviones,
los taxis y las bicicletas,
y también camionetas,
los carros rojos,
azules y tostados.

Por el río,
bajo tierra,
el tráfico se mueve
de regreso a casa.
Por puentes,
carreteras y desvíos,
túneles
y autopistas,

236

cruce a la derecha,
cruce a la izquierda,
retrocediendo
chocando,
retumbando,
atormentando,
meneándose,
saltando.

Zumbando,
ronroneando,
chasqueando,
chachareando,
carros en las calles
y trenes en los rieles.

Las cornetas y
los silbatos suenan,

Las luces de la noche
su resplandor muestran.

Las puertas se abren,
los niños corriendo van.

Y madres y padres
por fin en la casa están.

Trabajos del pasado

MUCHOS TIPOS DE dinero

Artesanías

Piénsalo

1 ¿En qué se parecen los trabajadores en este cuento a los trabajadores en tu comunidad? ¿En qué se diferencian?

2 Haz un dibujo de ti mismo haciendo un trabajo que te guste.

Comienza el proyecto de la unidad

Panfleto de un acontecimiento
Tu clase creará un panfleto de un acontecimiento en tu escuela. Mientras lees esta unidad piensa en cuántas personas trabajan juntas para completar un trabajo.

Usa la tecnología

APRENDE en línea

Visita The Learning Site en **www.harcourtschool.com/ socialstudies** para obtener actividades adicionales, fuentes primarias y otros recursos para usar en esta unidad.

Bienes y servicios

Al igual que las personas en *Hora del congestionamiento*, las personas en tu comunidad están ocupadas trabajando todos los días. Algunas hacen bienes. Los **bienes** son cosas que las personas hacen y venden.

pizzero

ebanista

artesana

pastelero

costurera

241

oficinista

Otros trabajadores prestan servicios. Los **servicios** son trabajos que las personas hacen para otros por dinero.

barbero

empleado de mudanzas

médico

mecánica

LECCIÓN 1
Repaso

1. **Vocabulario** Nombra algunos **bienes** y **servicios**.

2. ¿Cómo dependes de los trabajadores de la comunidad?

3. Haz una tabla que muestre los bienes y servicios que usas.

Una fábrica de lápices

Idea principal
Las personas trabajan juntas para hacer bienes en una fábrica.

Vocabulario

fábrica

Piensa en el lápiz con que escribes. Se necesitan recursos para hacer lápices. También se necesita que muchas personas trabajen juntas para hacerlos. Los lápices se hacen en una fábrica.

Una **fábrica** es un edificio en el que las personas usan maquinas para hacer bienes.

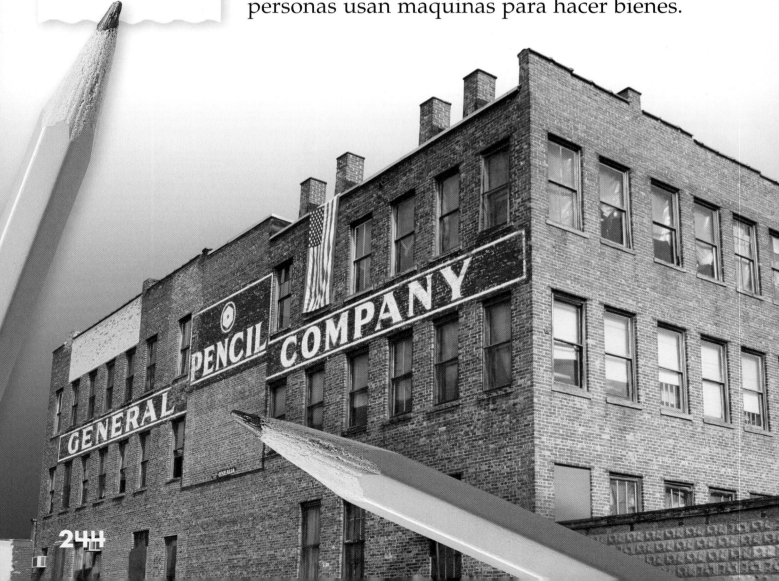

Se necesita madera para los lápices, así que los leñadores talan árboles. Los camioneros llevan los troncos a la fábrica. Luego, los guardabosques siembran árboles nuevos.

Los trabajadores de la fábrica cortan la madera en franjas anchas y delgadas llamadas tablillas. Se hacen ranuras en las tablillas.

3

Los trabajadores
colocan una mina
dentro de cada
ranura.

4

Después otros
trabajadores les
pegan otras tablillas
vacías encima.

Otros trabajadores cortan la tablilla para separar los lápices.

En otra parte de la fábrica, se pintan los lápices.

Otros trabajadores pegan las gomas de borrar a los lápices. Finalmente, los lápices están listos para llevarse a las tiendas y venderse.

Grafito de la China

GEOGRAFÍA ELEMENTO ESENCIAL

Anteriormente, el mejor grafito para la mina de un lápiz provenía de China. Los lápices hechos con grafito de China se pintaban de amarillo, un color usado por líderes chinos. Esto mostraba que eran hechos con el mejor grafito.

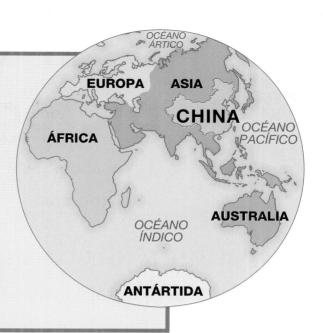

OCÉANO ÁRTICO

EUROPA · ASIA

CHINA

ÁFRICA

OCÉANO PACÍFICO

OCÉANO ÍNDICO

AUSTRALIA

ANTÁRTIDA

7.98 · 3.15 · 3.15 · 3.38 · 1.98

LECCIÓN 2
Repaso

1 **Vocabulario** ¿Qué es una **fábrica**?

2 ¿Cómo trabajan las personas juntas para hacer algo?

3 Escribe un párrafo para describir a un buen trabajador.

Usar un pictograma

Vocabulario

pictograma

▶ Por qué es importante

Un **pictograma** es una tabla que usa ilustraciones para representar números de cosas. La clave te dice qué representa cada ilustración.

▶ Qué necesitas saber

El título te dice de qué trata la tabla. El símbolo del lápiz en la clave representa una caja de lápices vendida. Observa cada hilera de izquierda a derecha para ver cuántas cajas se vendieron cada día.

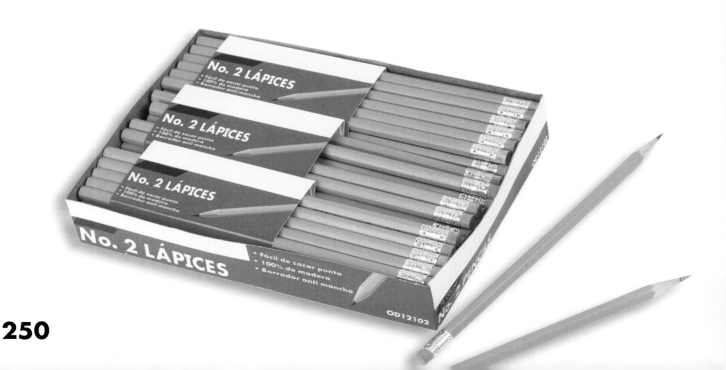

▶ Practica la destreza

1 Observa el pictograma. ¿Durante cuántos días se vendieron los lápices?

2 ¿Cuántas cajas se vendieron el viernes?

3 ¿Qué día se vendió la mayoría de las cajas?

4 ¿Se vendieron más cajas el miércoles o el jueves?

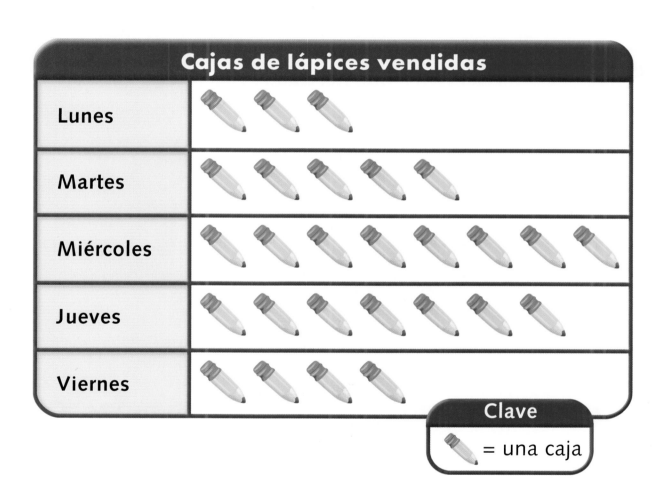

Cajas de lápices vendidas

Lunes	
Martes	
Miércoles	
Jueves	
Viernes	

Clave

= una caja

▶ Aplica lo que aprendiste

Haz un pictograma para mostrar cuántos libros leíste cada día durante una semana.

3

Idea principal

Las personas trabajan para ganar dinero para comprar lo que necesitan.

Vocabulario

negocio
dinero
voluntario

Por qué las personas trabajan

El Sr. Taylor tiene su propio negocio. Un **negocio** es una actividad en la que las personas hacen o venden bienes o prestan servicios. Lo hacen para ganar dinero. El Sr. Taylor usa el **dinero** para comprar los bienes y servicios que necesita.

Uno de los trabajos del Sr. Taylor es ayudar a las personas a planear sus jardines. A veces, él trabaja de voluntario en las escuelas, ayudando a los niños a plantar jardines. Él no recibe dinero por su trabajo cuando sirve de **voluntario**.

CIPRÉS MANTILLO 2.⁹⁸

LECCIÓN 3
Repaso

1 **Vocabulario** ¿Cómo usan las personas el **dinero**?

2 ¿Por qué crees que las personas trabajan como voluntarios?

3 Busca una ilustración de alguien trabajando. Escribe una oración sobre la ilustración.

Idea principal
Los tipos de trabajo que hacen las personas y cómo lo hacen cambian con el tiempo.

Vocabulario

robot

Los trabajos cambian

La nueva tecnología puede cambiar la manera de trabajar de las personas. Puede agilizar y facilitar el trabajo. A veces, las personas deben aprender nuevas formas de hacer sus trabajos.

La nueva tecnología significa que algunos trabajos no se necesitan. Los mercados ahora tienan congeladores y neveras. Así que ya no se necesitan trabajadores para repartir hielo y leche a las casas. Ya no se necesitan trabajadores especiales para hacer funcionar los ascensores.

RAILROAD BRAKEMEN
Rate $1.94¾ per hour; A-1 reference only. Apply 8 a. m. to 11 a. m. Monday through Friday at employment office, Union Railroad Co., 664 Linden Ave., East Pittsburgh.

Con la nueva tecnología se crean nuevos trabajos. Las personas usan robots en algunos trabajos. Un **robot** es una máquina dirigida por una computadora para efectuar un trabajo. Muchas personas usan computadoras en la oficina.

Ellen Ochoa
nació en 1955
Rasgo de personalidad: Cooperación

Ellen Ochoa es una astronauta. Ha viajado al espacio varias veces. En uno de sus viajes, ella y otros astronautas llevaron bienes a la Estación espacial internacional.

APRENDE en línea

BIOGRAFÍAS EN MULTIMEDIA
Visita The Learning Site en
www.harcourtschool.com/biographies
para conocer otros personajes famosos.

LECCIÓN 4 Repaso

1. **Vocabulario** ¿Cómo los **robots** ayudan a las personas en el trabajo?

2. Describe cómo la tecnología ha cambiado la manera de trabajar de las personas.

3. Diseña una máquina que te podría ayudar a hacer un trabajo.

5

Compradores y vendedores

Idea principal
Las personas pueden ser compradores o vendedores o ambos.

Vocabulario

mercado

ahorrar

Nuestra comunidad tiene un gran mercado al aire libre. Un **mercado** es un lugar donde las personas compran y venden bienes.

Hoy tengo dinero para gastar en el mercado. Voy a usarlo para comprar un regalo de cumpleaños para mi hermano.

Los vendedores del mercado usan parte del dinero que ganan para comprar cosas que necesitan. **Ahorran**, o sea, guardan dinero para el futuro. Ellos colocan este dinero en el banco. Un banco es un lugar seguro para guardar dinero.

Ahorra para el futuro.

LECCIÓN 5
Repaso

1. **Vocabulario** ¿Qué hace la gente en un **mercado**?

2. ¿Qué puedes hacer con el dinero que no gastas?

3. Dibuja un mapa que muestre seis lugares donde los compradores podrían gastar dinero.

Usar una gráfica de barras

Vocabulario

gráfica de barras

▶ Por qué es importante

Puedes hallar algunos tipos de información más fácilmente en una gráfica de barras. Una **gráfica de barras** usa barras para mostrar cuánto o cuántos hay.

▶ Qué necesitas saber

El título te dice que esta gráfica muestra el número de bayas vendidas en el mercado. La gráfica tiene hileras que observas de izquierda a derecha. La ilustración muestra el tipo de baya. Cada bloque coloreado representa una cesta de bayas. Los bloques muestran cuántas cestas se vendieron.

▶ Practica la destreza

❶ Observa la gráfica de barras. ¿Qué tipo de baya se vendió más?

❷ ¿Se vendieron más moras o frambuesas?

❸ ¿Qué tipo de baya se vendió menos?

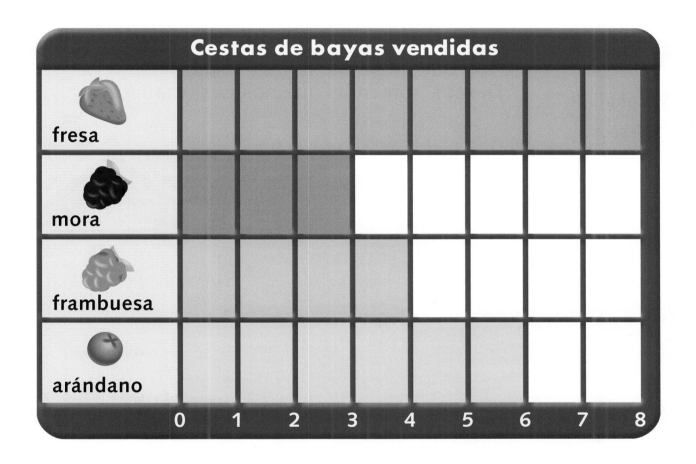

Cestas de bayas vendidas

	0	1	2	3	4	5	6	7	8

fresa, mora, frambuesa, arándano

▶ Aplica lo que aprendiste

Haz una gráfica de barras para mostrar los tipos de bocadillos que les gusta comer a los niños de tu clase.

6

Queremos más o menos

Idea principal
Las personas deben tomar decisiones para lo que quieren.

Vocabulario

deseos

La familia Jacobs va a comprar una casa. Hay cosas que necesitan en su nuevo hogar. Hay otras cosas que simplemente desean tener, como un garaje, un patio y una chimenea. **Deseos** son cosas que nos gustaría tener.

No quieren gastar todo su dinero. Saben que necesitan dinero para comida, ropa, gastos médicos y otras necesidades. Ellos hacen un presupuesto o plan para comprar lo que necesitan. Usan lo que queda para comprar las cosas que desean.

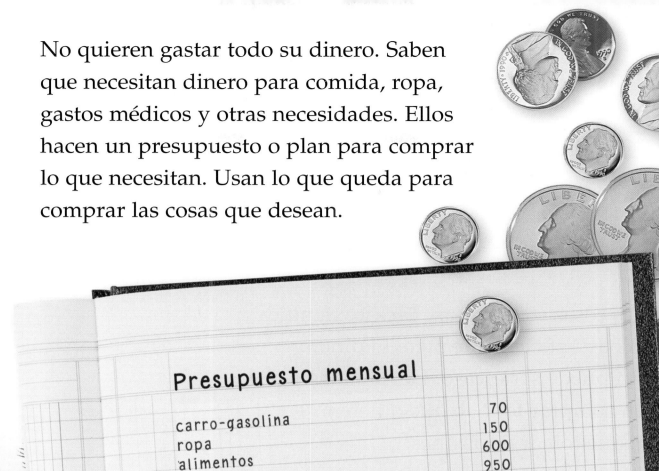

Presupuesto mensual

carro-gasolina	70
ropa	150
alimentos	600
casa	950
seguro médico	200
otros	200
ahorros	600
útiles escolares	40

**LECCIÓN 6
Repaso**

1. **Vocabulario** ¿Cuáles son algunos **deseos** de las personas?

2. ¿En qué deben pensar las familias antes de gastar su dinero?

3. Recorta dibujos de revistas o catálogos para hacer un collage de las cosas que las personas desean.

Tomar decisiones al comprar

Vocabulario
escaso

▶ Por qué es importante

Algunas cosas son escasas. **Escaso** significa que no hay suficiente de algo. El dinero también puede ser escaso. Las familias no pueden comprar todo lo que quieren. Tienen que tomar decisiones.

▶ Qué necesitas saber

Cuando tomas decisiones, debes renunciar a algunas cosas para obtener lo que quieres. Puedes seguir estos pasos cuando tomes una decisión.

Paso 1 Decide si las opciones son necesidades o deseos.

Paso 2 Piensa en que renunciaras para obtener cada opción.

Paso 3 Toma la decisión.

▶ Practica la destreza

1 Estudia las ilustraciones para ver cómo la familia Jacobs piensa gastar su dinero.

2 Sigue los pasos para decidir qué opción crees que la familia debe elegir.

3 Di por qué crees que la familia debe elegir esa opción.

▶ Aplica lo que aprendiste

Vete de compras con tu familia y hablen de las decisiones que tu familia debe tomar.

Intercambiar con los demás

Idea principal
Las personas de todo el mundo dependen unas de otras.

Vocabulario

intercambiar

Intercambiamos cosas que deseamos o necesitamos. Al **intercambiar**, damos algo para recibir algo.

Las personas usan dinero para intercambiar.

Limonada 25¢ fresca   Galletas 25¢

Las personas intercambian servicios.

Las personas intercambian bienes.

DATOS BREVES La barajita de béisbol Honus Wagner de 1909 es tan rara que se vendió por más de un millón de dólares.

269

Piensa en los bienes que usas diariamente. Muchos de estos bienes se fabricaron en otros países. Las personas de todo el mundo intercambian unas con otras.

MADE IN ITALY
HAND PAINTED

MADE IN CHINA

100% Cotton/Algodón
Machine wash cool with like colors
Use only non-chlorine bleach when needed
Tumble dry low
Lavar en lavadora con agua fría
con colores similares
Usar solamenté blanqueador sin cloro
Cuando se necesite
Made in India/Hecho en India
RN # 63232

Algunos bienes hechos en Estados Unidos se fabrican con partes hechas en otros países.

Míralo en detalle
Ropa de todo el mundo

Tú puedes investigar con qué países intercambia Estados Unidos. Mira las etiquetas de tu ropa. Verás que tu ropa proviene de todas partes del mundo.

¿Por qué algunas etiquetas están escritas en varios lenguajes?

Filipinas

Canadá

EE.UU.

China

México

Japón

271

Las personas llevan sus bienes al mercado de muchas formas. Algunos bienes no necesitan ir muy lejos. En Tailandia, botes pequeños llevan alimentos y otros bienes a los mercados cercanos.

A veces, los bienes se envían a mercados de otros países. Los barcos y aviones hacen posible que se envíen alimentos que cosechamos y cosas que hacemos en Estados Unidos a mercados de todo el mundo.

Las personas de todo el mundo intercambian bienes para obtener las cosas que necesitan y quieren.

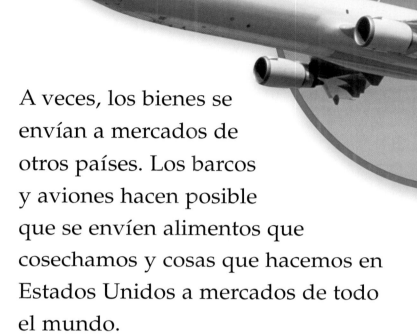

LECCIÓN 7
Repaso

1 **Vocabulario** Cómo podemos **intercambiar** con los demás?

2 ¿Cómo el intercambio ayuda a las personas de todo el mundo a satisfacer sus necesidades?

3 Haz una lista de servicios o bienes que puedas intercambiar por servicios o bienes que quieras.

VISITA Las personas trabajan

Prepárate

Las personas tienen diferentes trabajos en una comunidad. Muchas personas trabajan en oficinas. Otras trabajan al aire libre. Algunas personas usan uniformes para trabajar. Hay personas trabajando por todas partes.

Dentista

Observa

Tendero

Obrero

274

Profesora de ballet

Arquitecta

Policía

Taxi

Taxista

Excursión

APRENDE
en línea

UN PASEO VIRTUAL
Visita The Learning Site en
www.harcourtschool.com/tours
para recorrer virtualmente
otros trabajos.

UN PASEO AUDIOVISUAL
READING RAINBOW.
Busca un vídeo
sobre el tema en el
Centro de Multimedia o en la
biblioteca del salón de clases.

275

Repaso y preparación para la prueba

Resumen visual

Termina la tabla. Agrega más ideas y detalles de esta unidad. Luego resume escribiendo la información más importante que aprendiste.

> Las personas fabrican y venden bienes

> Las personas ofrecen servicios.

Oración resumen

Piensa y escribe

Haz una lista Enumera cinco trabajadores que conoces en tu comunidad.

Escribe una pregunta Elige un trabajador. Escribe algo que desees saber acerca del trabajo que esta persona hace.

Usa el vocabulario

Llena los espacios en blanco con las palabras correctas.

bienes
(pág. 240)
fábrica
(pág. 244)
mercados
(pág. 258)
intercambiar
(pág. 268)

Las personas trabajan juntas en una **1** _____ para elaborar ketchup, mostaza y sopa. Cuando los **2** _____ están terminados, se colocan en camiones. Los camiones transportan los bienes a **3** _____, donde se venden. Las personas deben **4** _____ dinero por bienes en los mercados.

Recuerda los datos

5 Menciona dos servicios en tu comunidad que usa tu familia.

6 ¿Qué hacen las personas para intercambiar bienes y servicios?

7 ¿Cómo cambia la tecnología el estilo de vida de las personas?

8 ¿Por qué los habitantes de un país intercambian bienes con los habitantes de otro país?

9 ¿Cuál de los siguientes trabajadores fabrica bienes?
A panadero   C peluquero
B médico   D chofer de autobús

10 ¿Cuál de los siguientes es un deseo?
F sándwich   H televisor
G chaqueta   J casa

277

⑪ ¿Qué nuevos trabajos podrá haber en el futuro?

⑫ ¿Por qué crees que ahorramos dinero?

Aplica tus destrezas con tablas y gráficas

Pacientes	
Lunes	🩺 🩺 🩺
Martes	🩺 🩺 🩺 🩺 🩺 🩺
Miércoles	🩺 🩺
Jueves	🩺 🩺 🩺 🩺
Viernes	🩺 🩺 🩺 🩺 🩺

Clave

🩺 = un paciente

⑬ ¿Qué muestra este pictograma?

⑭ ¿En qué día el médico examinó a menos pacientes?

⑮ ¿En qué día el médico examinó a más pacientes?

⑯ ¿Vio el médico más pacientes el lunes o el martes?

De donde vienen las camisas de Ryan

	0	1	2	3	4	5	6	7
Estados Unidos								
México								
Taiwán								
Italia								

17 ¿De qué países tiene camisas Ryan?

18 ¿De qué país son la mayoría de sus camisas?

19 ¿Tiene Ryan más camisas de Estados Unidos o de Taiwán?

20 ¿Cuántas camisas de Ryan son de México?

Actividades de la unidad

Completa el proyecto de la unidad Trabaja con tu grupo para completar el proyecto de la unidad. Decidan qué información van a colocar en su panfleto.

APRENDE en línea

Visita The Learning Site en **www.harcourtschool.com/social studies/activities** donde encontrarás más actividades.

Qué: ¡La librería Jardín de lectura está regalando libros!

Cómo: Lee 10 libros y la biblioteca de tu escuela recibirá 1 libro.

Cuándo: En el mes de abril.

Elige un trabajo

Elige uno de los trabajos que se necesitan para hacer el panfleto.
- hacer ilustraciones
- escribir información
- doblar los panfletos
- repartir los panfletos

Escribe una invitación

Piensa sobre cómo invitar a las personas a tu evento. Haz un panfleto llamativo. Recuerda de indicar qué, cuándo y dónde.

Consulta la biblioteca

Market Day por Lois Ehlert. Ve artículos hechos a mano desde todas partes del mundo que se venden en un mercado.

Messenger, Messenger por Robert Burleigh. Un mensajero en bicicleta hace repartos por toda la ciudad.

When I'm Big por Tim Drury. En un día lluvioso, un hermano y su hermana se imaginan trabajos que pudieran tener cuando sean grandes.

Para tu referencia

Diccionario biográfico

Este diccionario biográfico lista muchas de las personas importantes presentadas en este libro. El número de página indica el comienzo del comentario principal acerca de cada persona. Vea el Índice para otras referencias de páginas.

Addams, Jane (1860–1935) Americana que fundó la Hull House en Chicago para ayudar a los pobres. pág. 207

Austin, Stephen F. (1793–1836) Americano que emprendió una colonia en Texas. pág. 189

Barton, Clara (1821–1912) Fundadora de la Cruz Roja Americana. Fue su primera presidenta. pág. 69

Bell, Alexander Graham (1847–1922) Americano que inventó el teléfono. También entrenó a maestros para ayudar a personas con pérdidas auditivas. pág. 216

Bellamy, Francis (1855–1931) Ministro americano. Escribió el Juramento a la bandera en 1892. pág. 41

Bethune, Mary McLeod (1875–1955) Maestra afroamericana. Su trabajo dio la oportunidad de asistir a la escuela a otros afroamericanos. pág. 15

Bush, George W. (1946–) 43° presidente de Estados Unidos. Su padre fue el cuadragésimo primer presidente. pág. 54

Carver, George Washington (1864–1943) Científico afroamericano. Su trabajo ayudó a los agricultores a sembrar mejores cultivos. pág. 208

Clemente, Roberto (1934–1972) Jugador de béisbol puertorriqueño famoso que ayudó a muchas personas. pág. 209

Colón, Cristóbal (1451–1506) Explorador italiano que zarpó a las Américas. pág. 194

Douglas, Marjory Stoneman (1890–1998) Escritora americana. Trabajó para proteger los Everglades de Florida. pág. 115

Edison, Thomas (1847–1931) Americano que inventó el foco y muchas cosas más. pág. 211

Esopo Griego que contaba fábulas que los niños aún disfrutan. pág. 150

Franklin, Benjamin (1706–1790) Líder, escritor e inventor americano. Ayudó a redactar la Declaración de Independencia. pág. 206

Hale, Nathan (1755–1776) Héroe americano que fue atrapado por los británicos. pág. 68

Houston, Sam (1793–1863) Americano que dirigió a Texas en la lucha por su independencia. pág. 69

Jefferson, Thomas (1743–1826) Tercer presidente de Estados Unidos. Fue el redactor principal de la Declaración de Independencia. pág. 57

Jones, John Paul (1747–1792) Comandante de la marina americana en la Guerra Revolucionaria. pág. 206

King, Martin Luther, Jr. (1929–1968) Ministro y líder afroamericano. Trabajó para ganar los derechos civiles para todos los americanos. pág. 200

Kwolek, Stephanie (1923–) Inventora americana. Halló la manera de hacer una tela más fuerte que el acero. pág. 70

Lincoln, Abraham (1809–1865) 16° presidente de Estados Unidos. Logró que la posesión de esclavos fuera contra la ley. pág. 201

O'Connor, Sandra Day (1930–) Primera jueza de la Corte Suprema de Estados Unidos. pág. 209

Ochoa, Ellen (1955–) Astronauta americana. Primera mujer hispana en ir al espacio. pág. 257

Oglethorpe, James (1696–1785) Colonizador inglés que estableció la colonia de Georgia. pág. 189

Penn, William (1644–1718) Colonizador inglés que emprendió la colonia de Pennsylvania. pág. 188

Pitcher, Molly (¿1754?–1832) Sobrenombre de Mary Hays McCauly. Llevaba jarras de agua a los soldados en la Guerra Revolucionaria. pág. 207

Roosevelt, Eleanor (1884–1962) Esposa del presidente Franklin Roosevelt. Trabajó para mejorar la vida de los pobres y los niños. pág. 70

Sequoyah (¿1765?–1843) Líder cherokee. Creó una manera de escribir el lenguaje cherokee. pág. 207

Wagner, Honus (1874–1955) Uno de los jugadores de béisbol más importantes de la historia. Su posición era campocorto. pág. 269

Washington, George (1732–1799) Primer presidente de Estados Unidos. Se conoce como "el padre de nuestro país". pág. 56

Wells, Ida B. (1862–1931) Escritor periodístico afroamericano. Ayudó a aprobar leyes para el trato justo de los afroamericanos. pág. 208

Wheatley, Phillis (¿1753?–1784) Poeta afroamericano. pág. 207

Wright, Orville (1871–1948) y **Wilbur** (1867–1912) Primeros americanos en volar un avión a motor. pág. 208

Glosario ilustrado

A

ahorrar
Guardar algo, como el dinero, para usar más tarde. (pág. 260)

ayer
El día antes de hoy. (pág. 174)

alcalde
Líder del gobierno de una ciudad o un pueblo. (pág. 50)

B

bandera
Tela con un diseño especial que representa un país o un grupo. (pág. 62)

aprender
Descubrir algo nuevo. (pág. 6)

barrio
Parte pequeña de una comunidad en la que viven las personas. (pág. 94)

bienes

Cosas que se pueden comprar y vender. (pág. 240)

boleta electoral

Papel que muestra las opciones para votar. (pág. 58)

bosque

Área de árboles muy extensa. (pág. 109)

calendario

Cuadro que muestra los días, las semanas y los meses de un año. (pág. 158)

cambiar

Hacerse diferente. (pág. 175)

causa

Lo que hace que algo suceda. (pág. 190)

celebración
Momento de sentirse feliz por algo especial. (pág. 154)

clave del mapa
La parte de un mapa que muestra lo que significan los símbolos. (pág. 96)

ciudad
Pueblo muy grande. (pág. 50)

colina
Terreno que se levanta sobre la tierra que lo rodea. (pág. 100)

ciudadano
Persona que vive y pertenece a una comunidad. (pág. 68)

colonizador
Una de las primeras personas en construir un hogar en un lugar nuevo. (pág. 196)

compartir
Decir a los demás lo que sabemos o pensamos. (pág. 7)

contaminación
Cualquier cosa que ensucia el aire, la tierra o el agua. (pág. 114)

comunicación
Compartir ideas e información. (pág. 214)

continente
Una de las siete áreas de terreno importantes sobre la Tierra. (pág. 105)

comunidad
Grupo de personas que viven o trabajan juntas. (pág. 46)

costumbre
Forma en que las personas hacen algo. (pág. 160)

cultura
Forma de vida de las
personas. (pág. 143)

desierto
Área de tierra extensa
y árida. (pág. 119)

D

derecho
Una libertad. (pág. 72)

Mi mascota es un gato.

Se llama Bola de nieve

y es blanco.

detalle
Información adicional
sobre algo. (pág. 8)

deseos
Cosas que a las personas
les gustaría tener pero
que no necesitan.
(pág. 264)

diagrama
Dibujo que muestra
las partes de algo.
(pág. 182)

día festivo
Un día para celebrar
o recordar algo.
(pág. 154)

direcciones
La manera de hallar
algo. (pág. 106)

dinero
Las monedas y los
billetes que se usan
para comprar cosas.
(pág. 252)

director
Líder de una escuela.
(pág. 14)

Sr. Lee
6 Park Street
Canton, OH 44730

dirección
Los números y las
palabras que indican
dónde está un
edificio. (pág. 84)

Washington, D.C.
5 Millas

distancia
Qué tan lejos se
encuentra un lugar
de otro. (pág. 152)

289

efecto
Lo que sucede debido a una causa.
(pág. 190)

escuela
Lugar donde las personas van a aprender. (pág. 4)

escala del mapa
La parte de un mapa que ayuda a hallar la distancia entre dos lugares. (pág. 152)

estación
Una de las cuatro partes del año que tienen diferentes tipos de clima. (pág. 175)

escaso
Limitado en cantidad o difícil de hallar.
(pág. 266)

estado
Parte de un país.
(pág. 52)

explorador
Persona que va de
primera a buscar
información sobre un
lugar. (pág. 194)

ficción
Historias que se
inventan. (pág. 66)

fábrica
Edificio en el que las
personas usan
máquinas para fabricar
bienes. (pág. 244)

frontera
Línea en un mapa que
muestra dónde termina
un estado o un país.
(pág. 52)

fábula
Historia inventada
que enseña una
lección. (pág. 150)

función
Papel que desempeña
una persona en un grupo
o una comunidad.
(pág. 134)

futuro
La época que está por venir. (pág. 186)

gobierno
Grupo de ciudadanos que dirige una comunidad, un estado o un país. (pág. 51)

G

globo terráqueo
Un modelo de la Tierra. (pág. 104)

gráfica de barras
Gráfica que usa barras para mostrar cuánto o qué cantidad. (pág. 262)

gobernador
Líder del gobierno de un estado. (pág. 51)

granja
Lugar donde se siembran cultivos y se crían animales como alimentos. (pág. 108)

grupo

Número de personas que trabajan juntas. (pág. 12)

herramienta

Algo que usa una persona para trabajar. (pág. 24)

hecho

Información que es verdadera. (pág. 66)

historia

El relato de lo que sucedió en el pasado. (pág. 178)

héroe

Persona que ha hecho algo valiente o importante. (pág. 206)

hoy

Este día. (pág. 174)

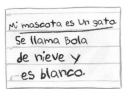

idea principal
De lo que trata principalmente la información que se está leyendo. (pág. 8)

justo
Que se hace de una manera correcta y honesta. (pág. 11)

intercambiar
Dar una cosa para recibir otra. (pág. 268)

lago
Masa de agua rodeada de tierra. (pág. 99)

isla
Porción de tierra rodeada de agua. (pág. 101)

lenguaje
Las palabras o señas que usan las personas para comunicarse. (pág. 132)

ley
Regla que deben seguir las personas de una comunidad. (pág. 46)

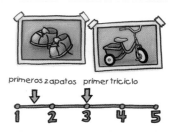

primeros zapatos   primer triciclo

línea cronológica
Línea que muestra cuándo suceden los eventos. (pág. 176)

libertad
El derecho de las personas de tomar sus propias decisiones. (pág. 199)

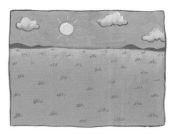

llanura
Terreno que es casi totalmente plano. (pág. 100)

líder
Persona que ayuda a un grupo a planificar lo que hay que hacer. (pág. 48)

M

maestro
Persona que ayuda a otros a aprender. (pág. 14)

mañana
El día después de hoy. (pág. 174)

montaña
El tipo de terreno más alto. (pág. 98)

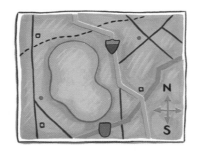

mapa
Dibujo que muestra dónde están los lugares. (pág. 20)

mundo
Todas las personas y los lugares de la Tierra. (pág. 30)

mercado
Lugar donde las personas compran y venden bienes. (pág. 258)

necesidades
Cosas que las personas deben tener para vivir. (pág. 138)

negocio
La fabricación o venta
de bienes o servicios.
(pág. 252)

país
Un área de tierra con
sus propias personas
y leyes. (pág. 52)

no ficción
Historias que tienen
información
verdadera. (pág. 66)

pasado
Tiempo antes que el
presente. (pág. 184)

O

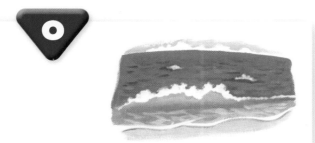

océano
Masa de agua salada
muy grande.
(pág. 105)

paz
Tiempo de tranquilidad
y calma. (pág. 203)

pictograma
Gráfica que usa ilustraciones para representar números de cosas. (pág. 250)

presidente
Líder del gobierno de Estados Unidos. (pág. 54)

predecir
Decir lo que sucederá. (pág. 112)

problema
Algo que nos causa dificultades. (pág. 136)

presente
Momento actual. (pág. 186)

punto de vista
Manera de pensar sobre algo. (pág. 146)

R

reciclar
Usar las cosas otra vez. (pág. 117)

refugio
Lugar seguro para vivir. (pág. 138)

recreación
Cosas que hacen las personas en su tiempo libre, tales como hacer deportes o tener un pasatiempo. (pág. 215)

regla
Instrucción que indica qué se debe o no se debe hacer. (pág. 10)

recurso
Cualquier cosa que las personas pueden usar. (pág. 108)

religión
Creencia en un dios o dioses. (pág. 144)

responsabilidad
Algo que un ciudadano debe hacer. (pág. 73)

ruta
Manera de ir de un lugar a otro. (pág. 204)

río
Corriente de agua que corre por la tierra. (pág. 101)

S

servicio
Trabajo hecho para otros por dinero. (pág. 242)

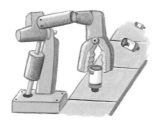

robot
Máquina dirigida por una computadora para efectuar trabajo. (pág. 257)

símbolo
Una ilustración o un objeto que representa otra cosa. (pág. 20)

solución
La respuesta a un problema. (pág. 136)

tiempo
Cómo se siente el aire afuera. (pág. 112)

tabla
Cuadro que muestra información en hileras y columnas. (pág. 28)

Tierra
Nuestro planeta. (pág. 104)

tecnología
Nuevos inventos que usamos en la vida diaria. (pág. 210)

tirar basura
Dejar basura en el suelo. (pág. 115)

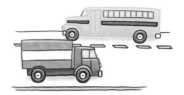

transporte
Formas de llevar a las
personas y los bienes
de un lugar a otro.
(pág. 212)

veterano
Persona que ha
servido en las fuerzas
armadas. (pág. 203)

U

ubicación
Lugar donde se
encuentra algo.
(pág. 18)

voluntario
Persona que trabaja
sin que se le pague.
(pág. 253)

V

valle
Terreno bajo entre
colinas. (pág. 98)

voto
Una decisión que se
cuenta. (pág. 58)

Índice

ÍNDICE

ÍNDICE

ÍNDICE

ÍNDICE

For permission to translate/reprint copyrighted material, grateful acknowledgment is made to the following sources:

Atheneum Books for Young Readers, an imprint of Simon & Schuster Children's Publishing Division: Cover illustration by Barry Root from *Messenger, Messenger* by Robert Burleigh. Illustration copyright © 2000 by Barry Root.

Curtis Brown, Ltd.: "School Bus" from *School Supplies: A Book of Poems* by Lee Bennett Hopkins. Text copyright © 1996 by Lee Bennett Hopkins. Published by Simon & Schuster Books for Young Readers.

Marc Brown Studios: From *Arthur Meets the President* by Marc Brown. Copyright © 1991 by Marc Brown. Published by Little, Brown and Company (Inc.).

Charlesbridge Publishing, Inc.: Cover illustration by Ralph Masiello from *The Flag We Love* by Pam Muñoz Ryan. Illustration copyright © 1996 by Ralph Masiello.

Children's Press, a Division of Grolier Publishing: From *George Washington: First President of the United States* by Carol Greene. Text copyright © 1991 by Childrens Press®, Inc.

Chronicle Books, San Francisco: Cover illustration by Donna Ingemanson from *Something's Happening on Calabash Street* by Judith Ross Enderle and Stephanie Jacob Gordon. Illustration copyright © 2000 by Donna Ingemanson.

Cobblehill Books, an affiliate of Dutton Children's Books, an imprint of Penguin Putnam Books for Young Readers, a division of Penguin Putnam Inc.: Cover photographs from *Emeka's Gift: An African Counting Story* by Ifeoma Onyefulu. Photographs copyright © 1995 by Ifeoma Onyefulu.

Crown Children's Books, a division of Random House, Inc.: Cover illustration by Annette Cable from *Me On the Map* by Joan Sweeney. Illustration copyright © 1996 by Annette Cable.

Farrar, Straus and Giroux, LLC: Cover illustration from *Madlenka* by Peter Sis. Copyright © 2000 by Peter Sis.

Harcourt, Inc.: Cover illustration from *Market Day* by Lois Ehlert. Copyright © 2000 by Lois Ehlert. Cover illustration from *Check It Out! The Book About Libraries* by Gail Gibbons. Copyright © 1985 by Gail Gibbons.

HarperCollins Publishers: Cover illustration by Diane Greenseid from *Get Up and Go!* by Stuart J. Murphy. Illustration copyright © 1996 by Diane Greenseid.

Holiday House, Inc.: Cover illustration from *First Day, Hooray!* by Nancy Poydar. Copyright © 1999 by Nancy Poydar.

Henry Holt and Company, LLC: Cover and illustrations by Yu Cha Pak in *From Here to There* by Margery Cuyler; illustrated by Yu Cha Pak. Illustrations copyright © 1999 by Yu Cha Pak.

Houghton Mifflin Company: Cover illustration by Arthur Geisert from *Haystack* by Bonnie Geisert. Illustration copyright © 1995 by Arthur Geisert. From *Rush Hour* by Christine Loomis, illustrated by Mari Takabayashi. Text copyright © 1996 by Christine Loomis; illustrations copyright © 1996 by Mari Takabayashi.

Little, Brown and Company (Inc.): "Four Generations" from *Fathers, Mothers, Sisters, Brothers: A Collection of Family Poems* by Mary Ann Hoberman. Text copyright © 1991 by Mary Ann Hoberman.

McIntosh and Otis, Inc.: From Here to There by Margery Cuyler. Text copyright © 1999 by Margery Cuyler. Published by Henry Holt and Company, LLC.

The Millbrook Press, Inc., Brookfield, CT 06804: Cover illustration by Anca Hariton from *Compost! Growing Gardens from Your Garbage* by Linda Glaser. Illustration copyright © 1996 by Anca Hariton.

Scholastic Inc.: Cover illustration by Nila Aye from *When I'm Big* by Tim Drury. Illustration copyright © 1999 by Nila Aye. Published by Orchard Books, an imprint of Scholastic Inc.

SeaStar Books, a division of North-South Books Inc., New York: Cover illustration from *The Inside-Outside Book of Washington, D.C.* by Roxie Munro. Copyright © 1987, 2001 by Roxie Munro.

Simon & Schuster Books for Young Readers, an imprint of Simon & Schuster Children's Publishing Division: Cover illustration by Michael Paraskevas from *On the Day the Tall Ships Sailed* by Betty Paraskevas. Illustration copyright © 2000 by Michael P. Paraskevas.

Walker and Company: Cover illustration by Eric Velasquez from *The Piano Man* by Debbi Chocolate. Illustration copyright © 1998 by Eric Velasquez.

Albert Whitman & Company: Cover illustration by Paige Billin-Frye from *This Is the Turkey* by Abby Levine. Illustration copyright © 2000 by Paige Billin-Frye. Cover illustration by DyAnne DiSalvo-Ryan from *If I Were President* by Catherine Stier. Illustration copyright © 1999 by DyAnne DiSalvo-Ryan.

ILLUSTRATION CREDITS:

ATLAS

Pages A1-A11, MAPQUEST.COM, A12, Studio Liddell.

UNIT 1

Pages 4-5, Lori Lohstoeter; 12-13, Laura Ovresat; 18-21, 37-39, Ken Batelman.

UNIT 2

Pages 44-45, Erika LeBarre; 77, Ken Batelman.

UNIT 3

Page 95, Brian Ashe; 96-97, 110, Ken Batelman.

UNIT 4

Page 153, 167, Ken Batelman.

UNIT 5

Pages 172-173, Russ Wilson; 192-195, Wayne Still; 205, Ken Batelman; 206-207, Rich Stergulz; 218-219, Robert Crawford; 223, Ken Batelman.

UNIT 6

Pages 251, 263, Ken Batelman; 271, Laura Ovresat;

274-275, Sally Vitski; 278, Ken Batelman .

PICTURE GLOSSARY

Pages 284-287,294-299, Scott Schiedly; 285, 287-289,293-294,299-302, Darrin Johnston; 290-293, Steven Royal; 294-295, Robert Dellinger.

PHOTO CREDITS

Cover: Doug DuKane (children on swing); Ric Ergenbright Photography (schoolhouse); Tom & DeeAnn McCarthy/Corbis Stock Market, (children running), Photodisc.com (flag).

PAGE PLACEMENT KEY: (t)-top (b)-bottom (c)-center (l)-left (r)-right (bg)-background (fg) fore-ground

TABLE OF CONTENTS:

iv (tl) Shelburne Museum; v (tl) Newlab; ix (tl) Smithsonian Institution

UNIT 1

Opener (fg) Shelburne Museum; 2 (cr) Ellen Senisi/The Image Works; 3 (cl) Bob Daemmrich Photography; 3 (cr) Superstock; 9 (t) J.C. Carton/Bruce Coleman, Inc.; 12 (br) Superstock; 14 (b) Bob Daemmrich Photography; 14 (tr) Christine Osborne Pictures; 15 (b) Gordon Parks/Hulton/Archive Photos; 15 t Jim Pickerell/Stock Connection/PictureQuest; 16 (t) L. O'Shaughnessy/H. Armstrong Roberts; 17 (t) Bob Daemmrich Photography; 18 (b) Peter Cade/Stone; 22 (c) Mark E. Gibson Photography; 22 (b) Jeff Greenberg/Stock, Boston; 23 (c) Richard T. Nowitz; 23 (bl) West Sedona School; 23 (br) James Marshall/The Image Works; 24,29 (t),(tl) Blackwell History of Education Museum; 24,29 (c),(bl) Blackwell History of Education Museum; 24,25 (b) Jack McConnell/McConnell & McNamara; 24 (bl) Blackwell History of Education Museum; 26 (br) Michael Newman/PhotoEdit/PictureQuest; 28 (t) Blackwell History of Education Museum; 29 (bl), (cl) Blackwell History of Education Museum; 29 (bcl) Gloria Rejune Adams/Old School Square; 30 (cr) Bob Daemmrich Photography/Stock, Boston; 31 (br) Jay Ireland & Georgienne E. Bradley/Bradley Ireland Productions; 31 (cr) Nicholas DeVore, III/Bruce Coleman, Inc.; 31 (cl) Sheila McKinnon/Mira; 32 (bl) Burbank/The Image Works; 32 (t) Victor Englebert; 33 (c) D. Donadoni/Bruce Coleman, Inc.; 34 (b) Photopia; 35 (tl), (tr), (br), (cl) Photopia

UNIT 2

Opener (fg) Newlab; (bg) Robert Frerck/Odyssey Productions, Chicago; 41 (tl) Newlab; 43 (tl) Reuters NewMedia/Corbis; (bl) B. Daemmrich/The Image Works; (cr) John Henry Williams/Bruce Coleman, Inc.; 46 (c) Alan Schein/Corbis Stock Market; (br) DiMaggio/Kalish/Corbis Stock Market; (cb) Rodney Jones/Harcourt; (cr) Joe Sohm/Pictor; 47 (c) Diane M. Meyer; 48 (b) Michael Newman/PhotoEdit; 49 (c) Ken Chernus/FPG International; (cl) PhotoDisc/Getty Images; 50 (t), (b), (cr) David R. Frazier; 51 (tr), (cl), (cr) David R. Frazier; 54 (b) Michael Hubrich/Photo Researchers; 55 (t) Time For Kids Magazine; (br) Tim Sloan/Corbis; (cr) Robert Essel/Corbis Stock Market; 56 (bc) Peggy and Ronald Barnett/Corbis Stock Market; (cr) Visions of America; (bc) Peggy & Ronald Barnett/Corbis Stock Market; 60 (b) Phil Degginger/Color-Pic; 61 (c) Frank Oberle/Stone; (tr) Ed Wheeler/Corbis Stock Market; (tr) Kunio Owaki/Corbis Stock Market; (br) Joe Sohm/Visions of America; (br) B. Bachmann/The Image Works; (cl) D. Boone/Corbis; 63 (t) Joe Sohm/Visions of America; (cl) Bob Daemmrich/The Image Works; 64 (b) Joe